Katharina Rempel

Bonn, Bönnsch & Bonner Deutsch
Sprachliche Vielfalt in der Bundesstadt

Eine Publikation des StadtMuseum Bonn
in Verbindung mit dem Förderverein SMB e.V.

in Kooperation mit dem
LVR-Institut für Landeskunde und Regionalgeschichte

Katharina Rempel

Bonn, Bönnsch & Bonner Deutsch
Sprachliche Vielfalt in der Bundesstadt

Bonn 2013

Umschlagabbildungen:
Vorne: Postkarte von 1909, Postkartensammlung des StadtMuseum Bonn
Hinten, Innenklappen: Dominik Schmitz (LVR-ZMB)

Satz und Layout: Katharina Rempel
Umschlaggestaltung: Kathrin Hantschmann, Zwickau
Druck: bonndruck GmbH

ISBN: 978-3-931878-38-2

Inhalt

C. Bonner Deutsch – Die Sprache Bonner Jugendlicher mit und ohne Migrationshintergrund

Vorwort

Zwei Bonner Institutionen haben bei der nun vorliegenden Publikation zusammengearbeitet. Das Bonner StadtMuseum, das für die Drucklegung des Buches gesorgt hat, und das in Bonn ansässige LVR-Institut für Landeskunde und Regionalgeschichte (ILR), in dem auch die Autorin tätig ist.

Das Thema des Buches – die Sprache Bonns und ihre Varianten – hat die Kooperation unserer beiden Einrichtungen nahegelegt. Aufgabe des Stadt-Museums ist es, die Geschichte Bonns darzustellen – in Ausstellungen, Veranstaltungen und Publikationen. Die Sprachabteilung des LVR-Instituts dokumentiert und erforscht die Sprache des Rheinlands und gab im Jahr 1986 beispielsweise Johannes Büchers „Bonn-Beueler Sprachschatz" heraus, das bis heute maßgebliche Nachschlagewerk zum Dialekt der Bundesstadt.

In Katharina Rempels Buch „Bonn, Bönnsch und Bonner Deutsch" wird ein zentrales Element der Bonner Identität beschrieben: die Sprache Bonns. Für ältere Bonner und Bonnerinnen ist das der Dialekt, das Bönnsche, dessen zwischen linker Rheinseite und *schääl Sick*, zwischen Buschdorf und Mehlem variierende Elemente hier beschrieben werden. Während diese Vielfalt des Bönnschen weit in die Geschichte zurückreicht, weist das letzte Kapitel des Buches in die Zukunft: Darin ist nachzulesen, wie viel sprachliches Lokalkolorit heute noch bei Jugendlichen zu finden ist und wie demzufolge das Bonner Deutsch in den nächsten Jahren und Jahrzehnten klingen könnte.

Das vorliegende Werk ist allgemeinverständlich geschrieben. Das war uns schon deshalb wichtig, weil so viele Bonner und Bonnerinnen sich an den Erhebungen und Befragungen in den Jahren 2011 und 2012 beteiligt und dabei ihr Interesse bekundet haben, die Ergebnisse der Studie nachlesen zu wollen. Ihnen allen, die Sie mitgemacht haben, sei noch einmal herzlich gedankt.

Dem Engagement von vier Lehrerinnen und Lehrern ist es zu verdanken, dass hier die Angaben von zahlreichen Jugendlichen einfließen konnten: Dies sind Dr. Gesinde Jordan und Dr. Arnold E. Maurer von der Elisabeth-Selbert-Gesamtschule in Bonn-Bad Godesberg sowie Reinhold Pfeifer und Frank Szmala von der Bertolt-Brecht-Gesamtschule in Bonn-Tannenbusch. Natürlich gebührt an dieser Stelle auch den Schülerinnen und Schülern ein großer Dank, die an beiden Schulen so bereitwillig Rede und Antwort standen. Ebenso gedankt sei den „Bönnsch-Freunden zur Erhaltung der Mundart" sowie den Veranstaltern des „Klaaf-Treffs" in Bad Godesberg, bei deren Mundart-Abend die Autorin zu Gast sein durfte. Von den Bonnerinnen und Bonnern, die in persönlichen Gesprächen mit ihren Kenntnissen weiterhalfen, seien Käthe Heinderichs, Marlies Monjour und Karl Josef Schwalb genannt.

An der Konzeption und Erarbeitung des Buches war Dr. Georg Cornelissen, Leiter der ILR-Sprachabteilung, beteiligt. Dessen Kollege Peter Honnen gab so manchen Tipp und half auch beim Korrekturlesen; Esther Weiss, Kartografin im ILR, unterstützte die Autorin bei der Gestaltung der Karten und Grafiken. Im ILR ist ferner Angelika Uhe und Helene Schullenberg zu danken, im StadtMuseum Bonn auch Dr. Sigrid Lange.

Die Autorin des Buches hat ihr Bonn-Projekt im Rahmen eines wissenschaftlichen Volontariats im LVR-Institut für Landeskunde und Regionalgeschichte durchgeführt. Wir wünschen ihrem Werk viele Leserinnen und Leser – die bei dessen Lektüre entdecken werden, welcher Reichtum an Farben und Nuancen sich hinter den Begriffen Bönnsch und Bonner Deutsch verbirgt.

Bonn, im Januar 2013

Dr. Ingrid Bodsch
Leiterin des StadtMuseums Bonn

Dr. Eckhard Bolenz
Leiter des LVR-Instituts für Landeskunde und Regionalgeschichte

Einleitung

Begleitet von großem öffentlichen Interesse startete das Projekt, das sich mit der Sprache in der Stadt Bonn beschäftigen wollte, im Juli 2011. Es ging darum, das zu dokumentieren, was bisher noch in keinem Buch dokumentiert wurde: Die Sprache der Bundesstadt in all ihren Facetten. Von den ganz jungen Bonnern bis zu den älteren Semestern, von Buschdorf bis Mehlem und von Duisdorf bis Hoholz, vom ursprünglichsten Dialekt bis zur regionalen Jugendsprache – so viele Nuancen wie möglich sollten festgehalten und untersucht werden. Dieses Projekt sollte zwei Jahre umfassen und innerhalb eines wissenschaftlichen Volontariats der Autorin am LVR-Institut für Landeskunde und Regionalgeschichte in Bonn stattfinden. Es gliederte sich in drei Teile mit jeweils eigenen Fragestellungen und Methoden. Diesen Teilprojekten entsprechen die drei Kapitel des Buches.

Das Bönnsche

Im ersten Kapitel rückt der Dialekt der Stadt Bonn – das Bönnsche – in den Fokus. Im Gegensatz etwa zu dem gut beschriebenen und dokumentierten Kölschen bildet Bonn in mancher Hinsicht noch einen weißen Fleck auf der Dialektlandkarte. Bis 1987 erschien kein Wörterbuch des Bonner Dialektes; Johannes Bücher hat dann schließlich mit seinem „Bonn-Beueler Sprachschatz"[1] Abhilfe geschaffen. Und auch Herbert Weffer hat mit „Von aach bes zwöllef. Ein bönnsches Wörterbuch"[2] zur Dokumentation des Bönnschen beitragen können. Doch was man von Wörterbüchern nicht erwarten darf, ist Aufschluss über die Verbreitung, die Verwendung und Veränderung des Bönnschen.

Die Erhebung der Jahre 2011/2012 enthielt dazu zwei zentrale Fragestellungen. Zum einen sollte die areale Variation untersucht werden, das heißt, ob und inwiefern sich das Bönnsche eines Stadtteils vom nächsten unterscheidet. Gleichzeitig wurde neben dieser arealen Variation auch der diachrone Wandel zum Gegenstand der Untersuchung: Anhand von älteren Erhebungen lassen sich Vergleiche zwischen dem Bönnsch von 1884, von 1920/30 und von heute ziehen.

Um zu erfahren, ob es geographische Unterschiede innerhalb der einzelnen Stadtteile gibt, wurden im Juli 2011 Fragebögen an Bönnsch-Sprecherinnen und –Sprecher verschickt, die sich auf einen Presseaufruf hin gemeldet hatten. Auf dem Fragebogen waren sowohl Abbildungen als auch Begriffe abgedruckt, die ins Bönnsche übertragen werden sollten. Gefragt wurde unter

9

anderem nach ‚Stachelbeeren‘, ‚Schnittlauch‘ oder ‚Regenrinne‘. Etwa 250 Bögen sind ausgefüllt wieder eingegangen, so dass hier viele Informationen zur Auswertung bereit standen. Sehr erfreulich ist auch, dass beinahe jeder Stadtteil mehrmals vertreten ist – so kann man Unterschiede und Gemeinsamkeiten innerhalb der Großstadt gut herausarbeiten. Im Vorhinein wurden bereits mittels Literaturrecherche Informationen über die Sprache Bonns gesammelt. Dabei wurden unter anderem Fragebögen ausgewertet, die 1884 und 1920/30 in zwei Befragungen von Bonnern aus verschiedenen Stadtteilen ausgefüllt worden waren. Auf diese Weise bietet sich ein Vergleich mit den aktuellen Ergebnissen an. Wie hat sich das Bönnsche verändert? Im Laufe der Zeit (seit 1884) hat sich das Stadtbild sehr gewandelt. Umliegende Dörfer wurden eingemeindet, die Stadt ist mit Beuel und Bad Godesberg zusammengewachsen. Doch gilt das auch für die Sprache? Oder haben die einst eigenständigen Orte ihre Eigenheiten beibehalten, auch wenn sie nun zur Großstadt gehören?

Außerdem war es interessant zu erfahren, wie sich der Dialekt im allgemeinen in den letzten 127 Jahren verändert hat. Sind manche Dialektwörter, die 1884 noch gängig waren, vielleicht heute nicht mehr in Gebrauch? Welche Wörter werden stattdessen heute verwendet? All diese Fragen werden im ersten Kapitel des Buches („Bönnsch – Der Dialekt Bonns und seiner Stadtteile") beantwortet.

Der Regiolekt

Im weiteren Verlauf des Projektes wurde die regionale Alltagssprache, der Regiolekt, untersucht. Diese Art von Sprache sprechen beinahe alle Bonner, der eine mehr, der andere weniger. Dieses „Hochdeutsch mit Knubbeln", wie es oft genannt wird, befindet sich irgendwo zwischen den Kategorien „Platt" und „Hochdeutsch" und zeichnet sich durch die Aussprache, wie in *dat* und *wat* oder *jemütlich* und *unjefähr*, ebenso wie durch aus dem Dialekt stammende Wörter, wie *piddeln* oder *Plümmo*, aus. Auf letztere wurde bei diesem Erhebungsschritt das Augenmerk gerichtet. Die Befragung fand im Dezember 2011 mittels Online- und Papierfragebogen statt und lieferte rund 70 ausgefüllte Fragebögen. Wie unterscheidet sich der Regiolekt der verschiedenen Generationen Bonns? Gebrauchen die älteren Bonner andere Wörter, wenn sie die regionale Umgangssprache verwenden, als die jüngeren? Und wenn ja, in welche Richtung geht hier der Trend?

Die Befragten wurden in drei Altersgruppen eingeteilt: Zu der Gruppe der „Älteren" wurden diejenigen gezählt, die 55 Jahre und älter waren. 21- bis

34-Jährige zählten hingegen zur Gruppe der „Jungen". Die Befragten im Alter von 35 bis 54 Jahren wurden zur Gruppe „mittel" zusammengefasst. Auf diese Weise hat man einen Einblick in den Sprachwandel, ohne Daten aus der Vergangenheit heranziehen zu müssen, denn nach der sogenannten apparent-time-Hypothese[3] kann man davon ausgehen, dass Menschen den Sprachstand bewahren, mit dem sie sozialisiert wurden. Das bedeutet, ein 70-Jähriger spricht heute noch in etwa so, wie er vor 50 oder 60 Jahren gesprochen hat. Auf diese Weise können Sprachproben erhoben werden, die die Unterschiede zwischen verschiedenen Zeitschnitten hervortreten lassen. Um diesen Kontrast noch deutlicher aufzuzeigen, wird das zweite Kapitel sich vor allem mit dem Regiolekt der ältesten und der jüngsten Sprechergruppe beschäftigen. Außerdem werden auch immer wieder Daten aus dem ersten Kapitel – also zum Dialekt – zum Vergleich herangezogen werden, denn er wird von so gut wie allen älteren Befragten aktiv gesprochen. Wie sich dies auf den Regiolekt dieser Gruppe auswirkt, wird ebenfalls zu beantworten sein.

Der Regiolekt war bereits Gegenstand mehrerer flächendeckender Erhebungen der ILR-Sprachabteilung für das Rheinland. Es sind deshalb auch zahlreiche Fragebögen aus Bonn vorhanden, die mit den aktuellen Ergebnissen verglichen werden (etwa für ‚Regenrinne' und ‚Delle'). Auch wurden im Jahr 2011 solche Bezeichnungen gewählt, die mit Ergebnissen aus dem „Wortatlas der deutschen Umgangssprachen" und dem „Atlas der deutschen Alltagssprache" verglichen werden können. Auf diese Weise lassen sich die aktuellen Ergebnisse aus Bonn in einen größeren Zusammenhang stellen, so dass Entwicklungen aufgezeigt werden können.

Die Sprache der Jugend

Im dritten und letzten Kapitel steht die Sprache der Bonner Jugendlichen im Mittelpunkt, im Besonderen auch jene von Jugendlichen mit Migrationshintergrund. Die Fragestellung hier bezog sich also auf die Variation nach Herkunft: Wie viel Regionales gebrauchen die ganz jungen Bonner noch und wie viel fließt davon in die Sprache Zugezogener ein? Kann man anhand bestimmter Wörter erkennen, wo ein Jugendlicher mit Migrationshintergrund sein Deutsch gelernt hat? Klingt es anders als das seines Cousins aus Essen?

Befragt wurden etwa 90 Jugendliche der Oberstufe an zwei Bonner Gesamtschulen (Bonn-Tannenbusch und Bonn-Bad Godesberg) mittels Fragebogen. Dabei ist Bonner Jugendlicher nicht gleich Bonner Jugendlicher, wenn man die Zusammensetzung der Klassen einmal genauer betrachtet. Unter den jungen Menschen mit Deutsch als Muttersprache gibt es sowohl gebürtige

Bonner als auch solche, die etwa mit drei, zehn oder 16 Jahren erst in die Bundesstadt gezogen sind. Und auch die Jugendlichen, die eine andere Erstsprache haben, können in Bonn geboren oder erst in fortgeschrittenem Alter aus einer anderen deutschen Stadt oder aus dem Ausland hergezogen sein. Hinzu kommen auch die Pendler, die gar nicht in Bonn wohnen, sondern nur zur Schule in die Stadt pendeln. Auf diese Weise ergeben sich fünf Gruppen. Der Faktor „Herkunft" wirkt natürlich in großem Maße auf den Wortschatz der Jugendlichen ein und muss bei der Auswertung der Fragebögen berücksichtigt werden, um tatsächlich eine ‚typische' Bonner Jugendsprache als Gegenstand zu erfassen. Aus diesem Grund wird das Augenmerk vor allem auf die „gebürtigen" Bonner gelegt, die sich in zwei Gruppen aufteilen lassen: solche, deren Muttersprache Deutsch ist, und jene, die einen Migrationshintergrund haben und Deutsch als Zweitsprache oder zweite Sprache erworben haben.

Der Fragebogen, der den Jugendlichen vorgelegt wurde, war in zwei Teile eingeteilt. Im ersten Teil wurde zunächst danach gefragt, wie sie bestimmte Begriffe benennen. Es kamen die gleichen Wörter ins Spiel wie bereits bei den vorherigen Erhebungsschritten, so dass Vergleiche gezogen werden können. Aber auch neue Fragen, etwa nach gängigen Begrüßungs- und Verabschiedungsformeln, kamen hinzu.

Im zweiten Teil ging es darum herauszufinden, welche Wörter des Regiolekts den Jugendlichen überhaupt noch vertraut sind. Regiolektbegriffe wurden von der Versuchsleiterin wie bei einem Sprachquiz vorgelesen. Die Schülerinnen und Schüler sollten auf dem Fragebogen die Bedeutung dieser Wörtern erklären. Sie sollten außerdem hinzufügen, ob sie das Wort selbst verwendeten oder nicht. Die Regiolektbegriffe wurden von der Versuchsleiterin vorgelesen und standen nicht auf dem Fragebogen. Diese Form, den Regiolekt zu präsentieren, entspricht eher dem Alltag, wo man ihm in der Regel öfter in gesprochener als in geschriebener Form begegnet. Konfrontiert wurden die Jugendlichen mit Wörtern wie *schnösen, zoppen* oder *Kalle*.

Im ersten Teil des Fragebogens wurde andersherum nach Bezeichnungen für ‚naschen' oder ‚etwas in den Kaffee tunken' gefragt bzw. es wurde darum gebeten, einen abgebildeten Gegenstand zu benennen (z. B. einen Dachboden). Hier hatten die Jugendlichen also die Möglichkeit, frei – von sich aus – Bezeichnungen anzugeben, die sie im Alltag gebrauchen. Im zweiten Teil ging es dann darum herauszufinden, wie ihr Wissen um die regionalen Synonyme für diese Begriffe aussieht, und zwar um solche, die für die älteren Regiolektsprecher völlig selbstverständlich sind. So lassen sich klare Vergleiche zwischen den im zweiten Kapitel beschriebenen Gruppen „ältere Sprecher" und „junge

Erwachsene" und den Bonner Jugendlichen ziehen. Weitere Vergleichsmöglichkeiten bieten sich hier zu bereits durchgeführten Erhebungen der ILR-Sprachabteilung aus den vergangenen Jahren an, bei denen sowohl Jugendliche aus Bonn als auch aus anderen Orten befragt wurden.

Repräsentativität

Natürlich können die hier erhobenen Daten in ihrem Umfang nur für einen kleinen Teil der Bonner Sprecher stehen und ein Anspruch auf Repräsentativität der Studie wird hier nicht erhoben. Was die Ergebnisse der zufälligen Stichproben jedoch durchaus zulassen, sind Aussagen über Tendenzen in den Bonner Sprachvarietäten. Was hier für einen kleineren Teil der Bonner Sprechergemeinschaft beobachtet werden kann, gibt eindeutige Hinweise auf die Verhältnisse „im Großen". Dabei müssen die Daten jedoch stets mit Vorsicht interpretiert werden, denn Ergebnisse aus Studien mit kleinen Probandenzahlen unterliegen starken Schwankungen, da unzuverlässige Auskünfte hier viel stärker ins Gewicht fallen als bei einer größeren Stichprobe. Ebenso können die Prozentzahlen auf Grund von Rundungsungenauigkeiten abweichen, so dass 99 oder 101 Prozent als Gesamtwert vorkommen kann.

Aus dem StadtMuseum: Gemälde von Carl Nonn

A. Bönnsch – Der Dialekt Bonns und seiner Stadtteile

Einleitung

Der Gegenstand dieses Kapitels ist der Dialekt der Stadt Bonn: das Bönnsche. Dabei gibt es zahlreiche Fragen, die man dieser Sprache stellen kann. Wie hat sich das Bönnsche gewandelt? Wer sprach es und wer spricht es heute (noch)? Welche Unterschiede gibt es innerhalb dieser Sprache? Immerhin ist Bonn eine Stadt mit vielen eingemeindeten Orten, die einmal ihr ganz eigenes Platt sprachen. Hat sich ihr Dialekt angeglichen oder bestehen hier noch die alten Ortsstrukturen?

Wer spricht es?

Um den Antworten zu diesen Fragen auf die Spur zu kommen, wurden die Bonner Plattsprecher im Juli 2011 gebeten, einen Sprachfragebogen auszufüllen. Dabei sollten die Bönnschen Begriffe für Dinge wie ‚Stachelbeeren‘, ‚Schnittlauch‘ oder ‚Purzelbaum‘ genannt werden. Mehr als 250 Bonner (und Menschen aus der näheren Umgebung) haben den Fragebogen ausgefüllt. Um einen besseren Überblick zu bekommen, wurde die Stadt in sechs Bereiche gegliedert. Das bedeutet, mehrere Stadtteile wurden zu einem sogenannten „Stadtbereich" zusammengefasst. Die ausgefüllten Fragebögen verteilen sich wie folgt auf die „Stadtbereiche" bzw. benachbarten Gemeinden und Städte:

„Stadtbereich" bzw. Gemeinde/Stadt	Fragebögen
„Zentrum" (Zentrum, Südstadt, Weststadt, Nordstadt, Castell)	40
„Nord" (Graurheindorf, Auerberg, Buschdorf, Tannenbusch)	7
„West" (Dransd., Lessenich/Meßd., Endenich, Lengsd., Duisd.)	45
„Süd" (Poppelsd., Kessenich, Dottend., Ippend., Ückesd., Röttgen)	34
Beuel (alle Stadtteile, die zum Bezirk Beuel gehören)	43
Bad Godesberg (alle Stadtteile, die zum Bezirk Bad Godesberg gehören)	42

Stadt **Niederkassel**	3
Stadt **Troisdorf**	4
Stadt **St. Augustin**	2
Stadt **Königswinter**	4
Gemeinde **Wachtberg**	3
Gemeinde **Alfter**	5
Stadt **Bornheim**	13

Der Altersdurchschnitt der Gewährspersonen liegt bei 71 Jahren. Diese Zahl zeigt deutlich, welche Altersgruppe den Bonner Dialekt noch so gut beherrscht, dass sie sich zutraut, hier den Forschern Rede und Antwort zu stehen. Von den unter 50-Jährigen waren es gerade mal zehn, die es wagten, den Fragebogen zu beantworten. In dieser Altersgruppe ist der Dialekt bereits nur noch in Ausnahmefällen die ‚Muttersprache‘, also die erste Sprache, die als Kind zu Hause gelernt und gesprochen wurde. Jedoch fällt es auch der älteren Generation zusehens schwerer, Gesprächspartner zu finden. Viele Kommentare auf den Fragebögen wiesen darauf hin. So schrieb eine Dame, Jahrgang 1950: „Leider sind meine Kenntnisse des Dialekts ‚verkommen‘, da immer weniger Menschen in Bonn Bönnsch sprechen“. Und ein Herr aus St. Augustin, Jahrgang 1947, kommentierte: „Mit Überraschung musste ich feststellen, dass mir die Zweitsprache meiner Kindheit und Jugend weitgehend abhanden gekommen ist.“

Die Beteiligung an der Umfrage war sehr zufriedenstellend und die Reaktionen waren durchweg positiv: Mit Kommentaren wie „Schön, dass Sie sich mit meiner Muttersprache beschäftigen“, „Jedenfalls hat's Spaß gemacht!“ oder „Schön, dass sich Ihr Institut die Mühe macht, mal nachzufragen“ machten die Bonner deutlich, wie viel ihnen an ihrem Dialekt liegt.

Bonner, die vor dem Zweiten Weltkrieg oder auch noch kurz danach geboren wurden, haben Platt entweder zu Hause in der Familie oder aber, als Zweitsprache, auf der Straße von den Gleichaltrigen gelernt. Sobald sie aber in die Schule kamen, wurden sie zwangsläufig mit dem Hochdeutschen konfrontiert. Ein gebürtiger Kessenicher, geboren 1939, erinnert sich: „Wir Pänz haben außerhalb der Schule das gewöhnlichste Platt gesprochen, doch in der Schule wurde im Gehirn ein Schalter umgelegt, und wir sprachen dann nur noch reines Hochdeutsch, ich jedoch mit ausgeprägtem rheinischen Zungenschlag, dem so genannten Adenauerslang.“ Doch schon für die nächste Generation war es alles andere als selbstverständlich, Platt zu lernen und zu sprechen. Eine Friesdorferin, selbst Jahrgang 1935, berichtete in einem Interview von der Einstellung gegenüber dem Dialekt nach 1950: „Und als meine drei Kinder hier in die Schule gingen, da fing das an: ‚Dat jeht nit mit dem Platt, die schreiben ja nur Fehler' und so weiter. Und dann habe ich damals schon immer gesagt: ‚Andere lernen Englisch. Die sind auch zweisprachig.' – ‚Ja, das ist aber was anderes.' Aber meine Kinder hatten alle drei die Schule gut gemacht und der älteste ist Lehrer geworden, trotz Platt." Dass Kinder, deren Erstsprache der Dialekt war, nicht per se Schwierigkeiten haben müssen mit dem Hochdeutschen, steht fest. Viel eher hängt es von der individuellen Sprachbegabung ab, ob ein Kind von einer frühen Zweisprachigkeit profitiert oder nicht – dies ist auch bei anderen Sprachen, wie dem Englischen, der Fall. Doch dieses Problem stellte sich in Bonn ab einem gewissen Zeitpunkt sowieso nicht mehr, zumindest nicht für das Platt – der Dialekt verlor immer mehr die Dominanz in der gesprochenen (Familien-)Sprache. Eltern vermieden es, mit ihren Kindern Platt zu sprechen, und auch auf der Straße lernten sie es nur noch im Ausnahmefall. Aus diesem Grund beherrschen die unter 50-jährigen Bonner auch nur noch selten das Bönnsche, zumindest nicht in vollem Umfang.

Was sind seine Merkmale?

Das Bönnsche gehört zu den sogenannten ripuarischen Mundarten, wie etwa auch das verwandte Kölsch oder das Öcher Platt, also der Dialekt Aachens. Das Verbreitungsgebiet des Ripuarischen, in dessen Zentrum Köln liegt, reicht im Westen einige Kilometer über die niederländische und belgische Grenze hinaus, im Norden bis zur sogenannten Benrather Linie bei Düsseldorf, im Osten gehört ein Teil des Bergischen Landes dazu und im Süden reicht das Gebiet bis in die Nordeifel.

Typisch für das Ripuarische ist zum Beispiel die sogenannte Palatalisierung, also die Ersetzung des *g* im Anlaut durch das *j* (*gut* – *jood; Garten* – *Jaade*). Ebenso kennzeichnend für die Dialekte dieses Gebietes ist die besondere Entsprechung des hochdeutschen Lautes *pf* bzw. *f*. So heißt es im Bönnschen Dialekt (und auch in den Gebieten weiter nördlich) *Appel* statt *Apfel* und *op* statt *auf*. Die sogenannte *Dorp/Dorf*-Linie trennt das Ripuarische im Süden (etwa auf der Höhe der Ahr) vom Moselfränkischen. Nördlich dieser gedachten „Grenze" – und somit auch in Bonn – sagt oder sagte man *Dorp*, südlich *Dorf*. Jedoch ist das *p* in anderen Wörtern auch schon zu *f* verschoben, zum Beispiel in *hälefe* ‚helfen'.

Ebenfalls kennzeichnend für die Dialekte des Ripuarischen ist die rheinische Akzentuierung: In der Forschung unterscheidet man zwei Tonakzente, also zwei Betonungsmuster. Das erste Muster zeichnet sich durch einen kurzen Tonanstieg und einen anschließenden langen Abfall aus. Dieses Muster kommt zum Beispiel in der Mehrzahlform *de Been* ‚die Beine‘ vor. Das zweite Betonungsmuster hat ein deutliches Maximum und ein deutliches Minimum, das heißt, er fällt zuerst und steigt dann wieder an. Im Bönnschen ist es zu hören in *dat Been* ‚das Bein‘. Oft erkennt man Dialektsprecher, selbst wenn sie Hochdeutsch sprechen, an diesen Tonakzenten.

Diese Besonderheiten gelten, wie bereits erwähnt, nicht nur für das Bönnsche, sondern für viele Ortsmundarten des Rheinischen. Daneben gibt es hier auch deutliche Unterschiede, so zum Beispiel zum benachbarten Kölsch. Die beiden Mundarten weichen in zahlreichen Punkten voneinander ab. So entspricht den langen Bönnschen Vokalen *e*, *o* und *ö* in der Kölner Mundart oft ein Diphthong:

Bonn	Köln
Fleesch	*Fleisch*
Ooch	*Ouch* ‚Auge‘
Bööm	*Bäum* ‚Bäume‘

Auch sind die *u*- und *o*-Laute in den beiden Dialekten unterschiedlich verteilt: Bonn *jruss*; *Mond* – Köln *jroos*; *Munk* ‚groß‘; ‚Mund‘. Dass im Rheinischen das *n* am Wortende nach einem unbetonten *e* fehlt, ist ein bekanntes Merkmal: *Wat well me doo noch saare?* ‚Was will man da noch sagen?‘; *drei Woche* ‚drei Wochen‘. Eine Besonderheit des Bönnschen, im Gegensatz zum Kölschen, ist das fehlende *r* am Wortende. So heißt es zum Beispiel in Köln, ähnlich wie im Standarddeutschen, *Mutter* (gesprochen etwa „Mutta“), in Bonn aber eher *Motte* (mit einem *o*, das geschlossener ist als im hochdeutschen Wort *Motte*). Betont werden soll allerdings, dass die Zahl der Übereinstimmungen die der Unterschiede bei Weitem übertrifft.

Im Bönnschen tritt eine Vielfalt im Wortschatz auf. Bestimmte Bezeichnungen haben eine sehr kleine räumliche Verbreitung und gelten oft vielleicht nur für einen Ort oder gar nur einen Ortsteil. Wie genau diese Unterschiede innerhalb des Bönnschen der einzelnen Stadtteile aussehen, soll in diesem Kapitel nun näher beleuchtet werden. Dazu sollte man jedoch zuerst einen kurzen Blick in die Bonner (Sprach-)Geschichte werfen.

Eine Zeitreise

Machte man eine Zeitreise in das Bonn vor 130 Jahren, würde man sich als „moderner" Bonner oder „moderne" Bonnerin sicher über so einiges wundern. Um 1880 sah Bonn noch ganz anders aus als heute: Die Stadt als solche war viel kleiner und begrenzt auf den heutigen Kernstadtbereich. Die Stadtteile Dransdorf und Graurheindorf gehörten zwar bereits zur „Bürgermeisterei Bonn", waren aber noch durch Felder und freie Flächen, ebenso wie Poppelsdorf durch die Allee, von der Innenstadt getrennt. Der General-Anzeiger berichtet 1863: „In der Poppelsdorfer Allee…, da ist man doch schon auf dem Lande, da breiten sich wogende Kornfelder zwischen Eisenbahn, der Allee und der Baumschule aus."[4] Dies änderte sich freilich in den folgenden Jahrzehnten, in denen Poppelsdorf schnell mit Bonn zusammenwuchs. Heutige Stadtteile wie Duisdorf oder Kessenich waren ebenfalls noch eigenständige Dörfer und von der Landwirtschaft geprägt. So schreibt der italienische Schriftsteller Luigi Pirandello, der 1890 in Bonn studierte, über seinen Morgenspaziergang: „Jetzt lag Kessenich vor uns. Der Eingang zum Dorf wird von einem großen Kreuz aus derbem Gestein unter einem alten traurigen Baum angezeigt; vor dem Kreuz befindet sich eine grobe Sitzbank. Dort saßen pfeifenrauchend einige arme Bauern, die angesichts des Japaners [Pirandellos gutgekleideter Begleiter, Anm. K.R.] und meiner feinen Samtjacke weit die Augen aufrissen."[5] Nicht nur für die Bauern, auch für die Städter galt zu diesem Zeitpunkt noch oft, dass der Dialekt ihre einzige aktive Sprache war. Eltern sprachen mit ihren Kindern von Geburt an das örtliche Platt. Dörfer, die heute zu Bonn gehören, hatten zu diesem Zeitpunkt eigene Dorfschulen. Die Schulsprache war Hochdeutsch, doch da gerade auf dem Land nicht alle Kinder das Privileg hatten, die Schule besuchen zu dürfen, blieb der Dialekt die aktive Umgangssprache der Bevölkerung. Das Hochdeutsche war Menschen vorbehalten, die einer gehobeneren gesellschaftlichen Schicht angehörten, also vor allem den Groß- und Bildungsbürgern und den Adligen. Es hing von der gesellschaftlichen Gruppe und von der Kommunikationssituation ab, ob ein Sprecher Dialekt oder Standard gebrauchte.

Wie es genau um die Sprache in Bonn im vorletzten Jahrhundert stand, darüber geben nur wenige Quellen Aufschluss. Als eine davon gilt die Privatzeitschrift des „Maikäfer"-Kreises um die Bonner Gottfried und Johanna Kinkel aus den Jahren 1840 bis 1846. Sie ist in der zeitgenössischen Literatursprache verfasst, auch wenn immer wieder alltagssprachliche bzw. dialektale Passagen oder Texte auftauchen.[6]

In den Beiträgen im „Maikäfer" wird eine bestimmte Sprechergruppe stets als Dialektsprecher dargestellt. Dazu gehören die Bauern aus der näheren und weiteren Umgebung Bonns, denen oft ein besonders „breiter" Dialekt zugesprochen wird. Merkmale eines solchen ländlichen Dialekts sind im „Maikäfer" z. B. der Diphthong *au* in *kauche*: *watt kauchst de* für ‚was kochst du'[7]. Auch innerhalb der städtischen Bevölkerung tauchen Dialektsprecher auf, so etwa die „Stadtsäufer" und häufig auch weibliche Sprecher. Es sind also vor allem die damals sozial schwächeren Gruppen und solche mit dörflichem Hintergrund, die ausschließlich Dialekt verwenden. Häufiger beherrschen die Sprecher in Bonn allerdings beide Varietäten und wechseln zwischen ihnen je nach Situation. So spricht etwa ein junger Mann in einer Erzählung mit einem Polizeigendarmen – einem Preußen – Hochdeutsch, mit seinem Zimmerwirt und Dienstherrn aber Platt. Als er sich später in die Tochter einer Bonner Bürgerfamilie verliebt, sprechen die zwei ebenfalls zunächst Hochdeutsch. Je näher sie sich aber kommen, desto mehr verfallen sie in den Dialekt: „Was wir unterdessen plauderten, das könnte ich auf hochdeutsch gar nicht sagen, da käme es lange nicht so herzlich heraus."[8]

Georg Wenker in Bonn

Hätte dieses Paar Enkel gehabt, wären diese höchstwahrscheinlich 1884 in die Bonner Volksschule gegangen. Ihr Lehrer, selbst womöglich kein gebürtiger Bonner, wäre eines Tages mit einer etwas merkwürdigen Frage an sie herangetreten: „Könnt ihr mir diese Sätze in euer Platt übersetzen?" In der Hand hätte er eine Liste mit 40 hochdeutschen Sätzen gehabt, die er von einem Herrn Georg Wenker zugeschickt bekommen hatte. Dieser hatte es sich zur Aufgabe gemacht, die Dialekte des gesamten Deutschen Reiches zu erfassen. Zwischen 1876 und 1887[9] – es war die erste flächendeckende Dialektbefragung in der Geschichte Deutschlands – sandte er seine Satz-Listen an die Lehrer aller Schulorte mit der Bitte, diese von den Schülern (oder vom Lehrer, falls dieser am Ort geboren sei) in das örtliche Platt übersetzen zu lassen und den Bogen dann zurückzuschicken. Entstehen sollte daraus später der „Sprachatlas des Deutschen Reiches" – der erste und umfangreichste Sprachatlas überhaupt.[10] Auf diese Weise lagen am Ende der Erhebungen insgesamt um die 45.000 Fragebögen vor[11], 15 davon stammten aus Bonn und umliegenden Orten, die heute zur Bundesstadt gehören. Diese Fragebögen geben uns Auskunft darüber, wie das Bönnsch von 1884[12] geklungen haben könnte – soweit geschriebene Sprache dies leisten kann. Deutlich treten auf diese Weise auch Unterschiede zwischen den einzelnen heutigen Stadtteilen zu Tage. Etwas mehr als 40 Jahre später interessierte sich wieder ein Sprachwissenschaftler, diesmal Josef Müller, für die Dialekte des Rheinlandes. Auch er führte

Fragebogenerhebungen durch – und zwar deutlich umfangreichere, was die Anzahl der abgefragten Wörter und den zeitlichen Ablauf betrifft. Müller erhielt auch aus Bonn und Umgebung Fragebögen. Entstanden ist daraus das große „Rheinische Wörterbuch", das mit zahlreichen Karten versehen ist.

Für unsere Fragestellung ist es interessant, einmal die einzelnen Fragebögen der Bonner Stadtteile einzusehen.[13] Wofür hatte der Friesdorfer eine andere Bezeichnung als der Endenicher? Wo unterschied sich der Beueler vom Kessenicher? Dies verraten die Wenker-Fragebögen von 1884 und jene von Josef Müller, die zwischen 1906 und 1938 verschickt wurden. Von den letzteren interessieren uns besonders Nr. 38 (1920) und Nr. 47 (1930), denn sie enthalten einige der Wörter, die im Folgenden behandelt werden sollen.

Eine noch interessantere Frage lautet: Gibt es diese Unterschiede 2011 immer noch? Oder haben sich die Dorfdialekte von einst innerhalb von 127 Jahren angesichts der – politischen – Zusammengehörigkeit angeglichen? Kann man heute also immer noch hören, wo ein Bönnsch-Sprecher seinen Zungenschlag gelernt hat?

1. *Kesselskooche, Knall & Knällche*

Der *Kesselskooche* – von Haus aus unterschiedlich

Malen wir uns einmal die folgende Situation aus: Jemand möchte ein traditionelles Gasthaus in Bonn eröffnen. Die gute rheinische Küche dürfte da natürlich nicht fehlen. Doch falls der Wirt auch das beliebte Gericht aus geriebenen Kartoffeln, Speck und Mettwürstchen, das in einem steinernen oder gusseisernen Gefäß im Backofen gebacken wird, auf seine Speisekarte setzen möchte, wird er höchstwahrscheinlich auf ein Problem stoßen: Wie nennt er das schmackhafte Gericht, das traditionell zu Sankt Martin gegessen wird?

Als jemand, der viel in Bonn (und auch in den Nachbargemeinden) herumgekommen ist und Freunde aus allen Stadtteilen hat, kennt unser Wirt eine beträchtliche Anzahl von Bezeichnungen und hat somit die Qual der Wahl. Auf seiner Liste ganz oben müssten *Kesselskooche, Döppekooche, Knüles, Küles, Knall, Knällche, Die(je)lsknall, Puttes, Kesselsknall* und *Kesselsbrütche* stehen – diese Varianten hört man am häufigsten in Bonn. Es gibt noch eine Reihe weiterer Bezeichnungen, die von dem einen oder anderen Bonner genannt werden: *Armeleutegans, Döppedresser, Döppedotz, Düppelabbes, Eerpelsbrütche, Eerpelskooche, Eerpelsknall, Kugel, Martinsknall, Tippezappes* und *Uhles*.

All dies sind jedoch Einzelmeldungen und offenbar nur selten im Bonner Sprachgebrauch vertreten. Im Folgenden beschränken wir uns auf die fünf häufigsten Bezeichnungen bzw. Bezeichnungsgruppen.

Wollte der Wirt es sich einfach machen, könnte er *Döppekooche* auf seine Karte schreiben. Auf diese Weise würde er sogar Feinschmecker von weiter her anlocken, denn das ist vermutlich die Bezeichnung, die für dieses Gericht am weitesten verbreitet ist. Sie wird in der Form *Döbbekooche* bzw. *Debbekooche* besonders im rheinland-pfälzischen Teil des Rheinlandes (zum Beispiel Cochem, Koblenz, Mayen, Neuwied) und als *Doppkuchen* auch im Oberbergischen verwendet. Von den Bonnern ist es immerhin beinahe jeder Dritte, der sein Kartoffelgericht (auch) als *Döppekooche* bezeichnet. Dass es tatsächlich eine Variante ist, die sich vom Süden her ausbreitet, bestätigen die Zahlen aus den südlichen Stadtteilen Bonns (Bad Godesberger Stadtteile wie Lannesdorf oder Rüngsdorf ebenso wie die Stadtteile Kessenich, Dottendorf oder Röttgen): Nur dort übersteigt die Zahl der *Döppekooche*-Nennungen die von *Kesselskooche*.

Vier Männer, vier Bezeichnungen – davon berichtet Jürgen Nimptsch in einer Anekdote in „Das isst Beuel"[14]:
„Wat es datt dann, Döppekooche?"
„Mein Lieblingsgericht, rohen Kartoffelteig ganz dick in einem gusseisernen Topf aufschichten mit verschiedenen Zutaten, wie Zwiebeln…"
„Ach du meinst Puttes! Datt es wie du et jesaat häss, ävve met Mettwüürschje…"
„Nä, met Späck, durchwachsenem Speck und…"
„Watt es datt dann do füe ehne Verzäll von üch zwei Knällköpp? Datt heeß Diegelsknall und do kütt dann Blotwuesch erenn…!"
„Jóót ir drei Skat spelle. Alles Quatschverzäll. Dat heeß Knällchen on wiéd esu jemaat…"
„Semme uns dann wennijens eenich, datt Appelkompott met op de Teller moss?" – „Jaaaa!!!"

Möchte der Wirt aber die Bonner in besonderer Weise ansprechen, so setzt er den *Kesselskooche* auf seine Speisekarte. Auf Unverständnis würde er in Bonn wohl kaum stoßen, rund 30 Prozent aller Nennungen (75 von 268) entfielen auf diese Bezeichnung. Er ist somit der knappe Spitzenreiter unter allen Varianten der Stadt. Besonders häufig zu hören ist die Bezeichnung im Zentrum und in den Stadtbereichen drumherum (Nord, West, Süd). Unser Gaststättenbetreiber könnte sich hier ein Beispiel an einem Kessenicher Wirt nehmen,

der am 11.11., also zu Sankt Martin, einen „Kesselkuchen mit Apfelmus"
für fünf Euro anbietet. In Kessenich könnte man allerdings auch schon ohne
Bedenken einen *Küles* oder *Knüles* servieren, denn dieser Stadtteil liegt nicht
weit entfernt von der *K(n)üles*-Hochburg Bad Godesberg.

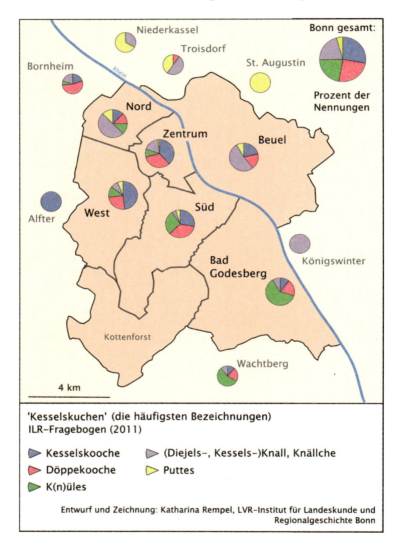

Der Einfluss ist bereits so stark, dass im Stadtbereich „Süd" knapp 30 Prozent
der Befragten diese Variante(n) nannten – das ist fast jeder Dritte. Geht man
einige Kilometer weiter nach Süden, steigt dieser Wert bis auf stolze 61 Prozent (34 von 56 Nennungen). In Bad Godesberg herrscht diesbezüglich also

eine große Einigkeit: Bald schon jeder Godesberger nennt sein Kartoffelgericht *Knüles* oder *Küles*.

Würde unser Wirt sein Lokal also etwa in Friesdorf oder Muffendorf eröffnen, müsste er sich nur noch zwischen diesen zwei Varianten entscheiden. Hier herrscht eine leichte Vorliebe für den Anlaut *Kn-*, denn darauf entfielen 19 Nennungen; auf das einfache *K-* im Anlaut hingegen 15. Ob es hier innerhalb des Stadtbezirks Bad Godesberg eine geographische Verteilung der zwei Bezeichnungen gibt, lässt sich auf Grund der erhobenen Daten nicht ermitteln. Einen Hinweis dazu gibt aber eine Bönnsch-Sprecherin aus Lannesdorf: „Hier [in Lannesdorf, Anm. K. R.] sagen sie ja viel *de Knüles*, aber in Godesberg *Küles*. *Knüles* ist mehr auf dem Land, also auf'm Dorf wie bei uns." Die Ergebnisse zeigen deutlich, dass es zwischen den zwei Varianten nur in Bad Godesberg ein Unentschieden gibt. In den übrigen Stadtbereichen liegt *Knüles* in seiner Bekanntheit meist deutlich vorn.

Auf eine Übereinstimmung von rund 50 Prozent (30 von 58 Nennungen) kommen auch die Beueler, wenn es um die Bezeichnung dieser Speise geht. Dabei lassen sie ihrer Fantasie oft freien Lauf, wichtig ist dabei nur eins: Der *Knall* muss enthalten sein. Ob *Knall*, *Knällche* oder Zusammensetzungen wie *Diejelsknall* – der Bewohner von Ramersdorf oder Niederholtorf ist unverkennbar an seiner Wortwahl auszumachen. Der *Kesselsknall* hingegen scheint keine Ur-Beueler Kreation zu sein – er erfreut sich besonders im Zentrum großer Beliebtheit. Alles richtig machte es ein Wirt aus der Bonner City, als er ebendiese Namensvariante auf seine Speisekarte setzte. Was zuerst da war – der *Kesselskooche* oder der *Kesselsknall* – ist schwer zu sagen. Doch dass der Wortbildungstyp der rechtsrheinischen *Knall*-Wörter Pate gestanden hat, ist nicht zu leugnen. Warum das Gericht in Beuel und den benachbarten Stadtteilen so heißt, darüber gibt es verschiedene Meinungen. Eine Bonnerin war der Meinung, dass das Ofengericht „wegen der durchschlagenden Wirkung auf die Verdauungssysteme" so genannt werde. Ein Plattsprecher aus Oberdollendorf, einem Nachbarort auf der rechten Rheinseite, zwei Kilometer südlich von Bonn, erklärte es sich folgendermaßen: „Angeblich weil das Öl, in dem das Knällche früher gebraten wurde, oft mit geringen Mengen Wasser versetzt war, das knallte, wenn es erhitzt wurde."

Wo es herkommt

Das Rheinische Wörterbuch hat für *Knall* unter anderem die Bedeutung „dickes Butterbrot"[15] verzeichnet, und zwar für Ägidienberg, einen Ort, der rechtsrheinisch einige Kilometer südöstlich von der Bonner Stadtgrenze entfernt liegt. Eine ähnliche Bedeutung hat auch der Begriff *Knabbel*, der im Platt von Bonn, Köln und Umgebung beheimatet ist. Im Deutschen gibt es einige *Kn*-Wörter, die ein ähnliches Bedeutungsfeld haben. *Knopf, Knauf, Knubbel, Knolle* – diese Wörter bezeichnen alle kleine, runde und verdickte Gegenstände. Auch *Knall* und *Knüles* könnten zu dieser Benennungsgruppe gehören, denn sie benennen eine verdickte Variante des Reibekuchens. *Knüles* hat in Bonn im Übrigen noch eine weitere Bedeutung (und das könnte auch die hohe Präsenz dieser Variante im Gegensatz zu *Küles* erklären): *Dat es ävve ne Knüles, de Pitter*. Peter scheint ein sturer, streitsüchtiger oder dummer Mensch zu sein, wenn er diese Bezeichnung verdient. Ein Bonner beschrieb den Begriff folgendermaßen: „Knüles konnte auch ein Schimpfwort sein, wenn ein Kind mit den anderen spielen wollte. Da hiess es ‚Du bess ene Knüles'. Wenn zwei mit dem Kopf aneinander gestoßen waren, und einer hatte einen Schmerz verspürt, hieß es: Du hast einen harten Knülles." Auf Hochdeutsch könnte man wohl *Dickkopf* sagen. Der *Knüles* kann also beides sein: Der ‚Dickkopf' im übertragenen Sinne als auch der ‚dicke Kopf' im wörtlichen, womit wir wieder bei den ‚verdickten Gegenständen' angelangt wären. Auch *Puttes* – wie das Gericht in Niederkassel, Troisdorf und St. Augustin überwiegend genannt wird – hat dieselbe Bedeutung.

Zu einem anderen Benennungstyp zählen *Kesselskooche, Döppekooche* und *Diejelsknall* – nun ist aber der erste Teil dieser Wörter gemeint; der Linguist würde sagen: das Bestimmungswort. *Kessel, Döppe* (Topf) und *Diejel* (Tiegel) sind allesamt Gefäße, in denen das Gericht zubereitet wird bzw. wurde. Als *Döppe* wird im ripuarischen Sprachgebiet stets ein „irdenes hohes Gefäss aus gebranntem Ton oder Steingut mit zwei ‚Ohren' (Henkel), auch wohl aus Porzellan, Holz, aber nicht aus Eisen"[16] bezeichnet. Der *Kessel* ist größer und emailliert. *Tiegel* und *(Koch)Pott* sind konkurrierende Bezeichnungen für einen eisernen Kochtopf „mit glattem Boden und Ohren, mehr breit als hoch".[17]

Das Drumherum

Das Bönnsche befindet sich natürlich nicht im leeren Raum, sondern wird von den Nachbargemeinden aus allen Himmelsrichtungen beeinflusst. Im Norden von Bonn, vor allem rechts des Rheins (Niederkassel, Troisdorf, St. Augustin), erreicht der *Puttes* Spitzenwerte: zwischen 33 und 100 Prozent. Nicht nur in Beuel kennen die Plattsprecher den Namen für das Gericht; die Bezeichnung hat es auch über den Rhein nach Bornheim und in den Norden und Westen der Stadt Bonn (zum Beispiel Graurheindorf, Auerberg, Duisdorf, Endenich) geschafft.

Eine Rezeptvariante (für 4 Personen)[18]

2 kg geschälte, dicke Kartoffeln, 2 Eier, 2 in Milch eingeweichte Brötchen, 1 große Zwiebel, Salz, Pfeffer, Stärkemehl nach Bedarf, Semmelbrösel. Je nach Geschmack weitere Zutaten: 125/250 g geräucherter Speck und/oder 125/250 g Rosinen oder drei Mettwürste.

Die Kartoffeln reiben und abtropfen lassen. Die in Milch eingeweichten Brötchen hinzugeben, ebenso die geriebene Zwiebel, die Eier und Gewürze. Alles unter Verwendung des Stärkemehls zu einem Teig verarbeiten. Jetzt erhält das Gericht seine individuelle Note, indem Rosinen und/oder feingeschnittener Speck oder Mettwürste untergemischt werden. Alles sorgfältig vermengen. Den Bräter gut mit Öl auspinseln und mit Semmelbröseln bestreuen. Die Masse einfüllen und etwa 2 Stunden bei 220 °C backen. Zum Schluss den Deckel abnehmen, damit sich eine schöne Kruste bilden kann.

In Beuel kannten vier Befragte außerdem die Bezeichnung *Kesselsbrütche* für das Gericht. In Königwinter nannte einer von zweien diese Variante, und auch das „Rheinische Wörterbuch" verortet *Kesselsbrütche* – unter *Kesselbrot* zu finden – in Bad Honnef, Rhöndorf und Königswinter[19]. Diese Bezeichnung kommt also offensichtlich aus dem Südosten nach Bonn. *Brütche* könnte, wie im „Rheinischen Wörterbuch" angedeutet, eine Verkleinerungsform zu *Brot* sein. Denkt man an die Zutaten, die in dieses Gericht gehören, finden sich in vielen Rezepten die „in Milch eingeweichte Brötchen"[20].

Auf der linken Rheinseite sieht es ähnlich aus, was die Übereinstimmung zwischen Nachbarorten betrifft. Im südlich an Bonn grenzenden Wachtberg hat jeder der Befragten mindestens eine der *K(n)üles*-Varianten genannt. Die Ähnlichkeit ist dabei verblüffend: Die Häufigkeitsverteilung der dort genannten Varianten deckt sich eins zu eins mit jener in Bad Godesberg.

Eine Variante, die es nicht bis in die Stadt hinein geschafft hat, ist *Kuggel* (zwei Mal in der Variante *Kugel*). Während in Alfter und Bornheim fünf von 14 Personen (36 Prozent) diese Bezeichnung verwendeten, war es von 189 Bonnern gerade mal einer – ein Poppelsdorfer. Gesicherte Belege für diese Benennung gibt es ansonsten nur aus dem Kölner Raum: aus Frechen und Kerpen. Diese Orte liegen, von Bornheim aus betrachtet, etwa 25 Kilometer weiter im Norden – es ist demnach eine Bezeichnung, die dem Vorgebirge zugeschrieben werden darf. Hemmersbach erklärt, dass es sich bei *Kuggel* um eine jüdische Fastenspeise handle und leitet das Wort von dem hebräischen *kúgal* ab, das ‚rund‘ bedeute. Der Name gehe auf die Form des Teigs zurück, in der er in die Kasserolle gelegt wurde. Die hebräische Herkunft erkläre auch den maskulinen Artikel (*der Kuggel*)[21]. „Wie kam nun diese jüdische Fastenspeise auf den Speisezettel unserer Großeltern? Wir wohnen hier [Kerpen, Anm. K. R.] in einem Gebiet, das früher fast ausschließlich von Katholiken bewohnt war. Für sie war jeglicher Fleischgenuß am Freitag verboten. So bot sich das jüdische Gericht ‚Kuggel‘ als ideale Bereicherung des Küchenzettels für den Freitag an."[22] In diesem Rezept werden statt des Fleisches Dörrobst und Rosinen verwendet. Möglicherweise galt diese Speise aus diesem Grund als Arme-Leute-Essen. „Erstaunlicherweise wird für Bonn in den Jahren nach 1910 der ‚Knüles‘ in dieser Rubrik geführt: Bestand dieser Kesselkuchen doch aus Kartoffeln, Speckwürfeln oder/und grober Bratwurst sowie Rosinen – einer durchaus reichhaltigen Rezeptur also."[23] Doch Fleisch musste, wie der *Kuggel* zeigt, nicht unbedingt enthalten sein. Auch im Friesdorfer Kochbuch findet sich die fleischlose, „süße Variante" des *Knüles*.

Viele Bonner nannten uns, was bei ihnen sonst noch auf den Tisch kommt. Da wäre zunächst eine große Auswahl an Suppen, etwa die *Bunnezupp* (oder *Bunnedünn*) ‚Bohnensuppe‘, die *Eerzezupp* ‚Erbsensuppe‘, die *Möscheeiezupp* ‚Suppe aus bunten Bohnen‘, die *Franzusezupp* (wörtlich ‚Franzosensuppe‘; ‚Gemüsesuppe‘) oder die *Knäbbelchenzupp* ‚Graupensuppe‘. Aus *Eerpele*, also ‚Kartoffeln‘, lassen sich *Riefkooche* ‚Reibekuchen‘ oder *Eerpelschloot* ‚Kartoffelsalat‘ zubereiten. Als Hauptgang serviert man in Bonn schon mal *Sure Kappes met Hemmsche* ‚Sauerkraut mit Eisbein‘, zum Nachtisch oder für zwischendurch gibt es *Prummetaat met Rohm* ‚Pflaumenkuchen mit Sahne‘, en *Botteram* ‚Butterbrot‘ *met Kruck* ‚Kraut‘ oder *Klatschkies* ‚Frischkäse‘, ‚Quark‘. Und zu St. Martin einen *Hirzemann* ‚Weckmann‘.

Wer die Wahl hat, hat die Qual

Der Bonner hat also einen ganzen Strauß von Bezeichnungen parat, wenn es um dieses Gericht geht. Ein Plattsprecher bemerkte ganz treffend, dass dieses Gericht „von Haus zu Haus unterschiedlich" genannt werde. Da die Bonner von Haus aus gesellig sind, kennen sie natürlich ihre Nachbarn und auch, was bei ihnen auf den Tisch kommt. Von allen Befragten nannten 48 zwei

Varianten, 33 hatten drei Bezeichnungen zu bieten und drei Bonner wussten sogar vier Namen für diese Speise. Einer übertrumpfte alle mit fünf Varianten, wobei er sogar deren Verbreitung angab: „Küles, Knüles, Kesselkooche; rrh: Knall, Döppeknall". Und auch die Autoren des „Friesdorfer Kochbuchs" zeigen eine Liebe zur Varianz: Hier findet sich neben dem Rezept für *Knüles* auch das für *Düppekuchen*[24].

Keine der Bezeichnungen auf der Hitliste ist exklusiv einem Stadtteil vorbehalten, doch gibt es große Unterschiede in ihrer Beliebtheit. Was sollte man unserem Wirt, der immer noch nach der treffenden Bezeichnung sucht, nun raten? Das A und O bei der Namenwahl ist in der Bundesstadt der Standort seines Lokals, denn wenn der Bonner auch weiß, was sein Nachbar gern serviert – am liebsten isst er doch das, was er aus dem heimischen *Kessel* kennt.

2. Krükele, Krünschele & Knurschele

Die etwas andere Beere

Nicht nur geschmacklich sticht die Stachelbeere zwischen den Erd- und Himbeeren hervor, auch sprachlich hat sie gerade in Bonn einiges zu bieten. Was *Ärbele* (‚Erdbeeren') und *Impele* (‚Himbeeren') betrifft, sind sich die Bonner im ganzen Stadtgebiet einig, doch sobald es um die Stachelbeere geht, haben die verschiedenen Stadtteile ganz eigene Vorlieben.

Besonders einhellig sind da die Meinungen in Bad Godesberg. Von 39 Befragten haben hier alle einstimmig entschieden: In den Stadtteilen von Mehlem bis Friesdorf nennt man diese Beeren *Knurschele* (in der Karte S. 28 rot dargestellt). *Knurschele* ist ein Wort, das auch die benachbarten Kommunen im Süden (Wachtberg, Königswinter) sowie im Osten (Troisdorf, St. Augustin) melden, womit Bonn hier in ein größeres *Knurschele*-Gebiet eingebunden wird. Auch in den südlichen Stadtteilen wie Poppelsdorf oder Röttgen benutzen die meisten Bonner diese Variante, ebenso ist sie auch im Zentrum stark verbreitet. Allerdings wird es hier schon weniger eindeutig, denn von Westen her beansprucht eine andere Bezeichnung die vorherrschende Rolle für sich: In Stadtteilen wie Duisdorf, Endenich oder Dransdorf heißen die Beeren *Krükele* (grün; sieben Befragte nennen auch *Krünkele* mit *n)*, da sind sich 85 Prozent der dort lebenden Bönnsch-Sprecher einig. Auch die Nachbarn aus Alfter schließen sich hier an. Nach Osten hin verebbt diese Vorliebe zu Gunsten einer dritten Variante, die sich vor allem in den rechtsrheinischen Stadtteilen einer großen Beliebtheit erfreut: Die Beueler, Schwarzrheindorfer und Küdinghovener essen am liebsten *Krünschele* (blau) auf ihrem Kuchen. Natürlich kennt man diese drei Varianten auch in anderen Stadtteilen Bonns, meistens den angrenzenden. Aber an der Häufigkeit der Nennungen kann man stets deutliche Epizentren erkennen.

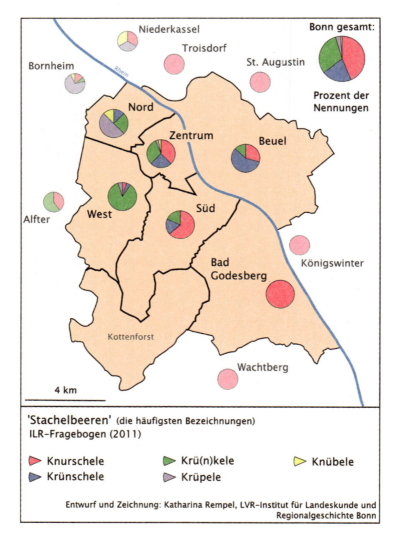

Bleibt noch der Norden der Stadt, der wiederum mit zwei ganz eigenen Varianten auftrumpfen kann: Buschdorfer und Graurheindorfer pflücken am liebsten *Krüpele* (violett). Aber auch *Knübele* (gelb) können hier ab und zu im

Körbchen landen. Der Norden Bonns schließt sich hier einem *Krüpele*-Gebiet an, zu dem auch Bornheim und Niederkassel gehören.

Die fünf Bonner Synonyme für die Stachelbeere bilden also voneinander abgrenzbare Gebiete innerhalb der Stadt. Im Zentrum laufen die drei großen Gebiete (*Knurschele, Krünschele* und *Krükele*) zusammen; ihr Anteil an den Antworten ist hier beinahe gleichmäßig verteilt (je um 30 Prozent). Aber auch *Krüpele* und *Knübele* hat man hier schon einmal gehört.

Dieses charakteristische Kartenbild hat sich in gleicher Form bereits 1920 bei einer Fragebogenerhebung[25] gezeigt, die vom Sprachwissenschaftler Josef Müller im gesamten Rheinland – und dazu gehört natürlich auch Bonn – durchgeführt wurde. Entstanden ist daraus das große „Rheinische Wörterbuch", das mit zahlreichen Karten versehen ist. Auf der Stachelbeer-Karte[26] ist die Stadt Bonn nur ein kleiner Punkt, doch sie liegt deutlich sichtbar in der Mitte von drei kleinen und einem großen Benennungsareal: *Knurschele* bildet ein großes Gebiet, das sich rund um Bonn ausbreitet und im Norden bis Düsseldorf, im Westen bis Düren, im Süden bis Remagen und im Osten entlang der Agger und der Sieg bis zur Grenze Westfalens reicht. Die drei kleineren Gebiete hingegen legen sich dicht um die Stadt: *Krükele* nimmt ein Areal im Westen ein (um Alfter und Rheinbach), das *Krüpele*-Gebiet grenzt im Norden daran (vor allem in den zu Bornheim gehörenden Orten). Das *Krünschele*-Gebiet beschränkt sich größtenteils auf das rechtsrheinische Bonn, gilt aber auch in einem größeren Areal in der Osteifel und im Westerwald. Dieses Kartenbild, das das Platt der Stadt Bonn aus einer weiteren Entfernung zeigt, lässt sich in allen Punkten auf die heutigen Ergebnisse übertragen. Die damals hervortretenden Stachelbeer-Areale bestehen in gleichem Umfang auch heute noch im Bönnschen, so dass keine große Veränderung verzeichnet werden kann.

Die Wurzeln

Die Bezeichnung *Krünschel* (im rheinland-pfälzischen Teil des Rheinlandes auch *Grü(n)schel* genannt) leitet sich vom lateinischen Pflanzennamen *grossularia* ab und ist wohl im Vergleich zu *Knurschel* die ältere Bezeichnung.[27] In *Knurschel* hingegen steckt das Dialektwort *Knursch*, das den Knorpel benennt. Aber auch Schwielen, ein unförmiges Stück Brot oder eine verkümmerte Frucht können so bezeichnet werden. Immer sind kleine, runde und verdickte Gegenstände gemeint, zu denen auch die Erscheinungsform der Stachelbeere gehört. Dass diese Bedeutung für viele deutsche Wörter, die mit

Kn- beginnen, gilt, haben wir bereits bei den Bezeichnungen für den Kessels-kuchen gesehen (s. S. 24).

Was nun aber die vielen weiteren Synonyme betrifft, haben die Bonner offensichtlich ihr Talent für Wortneuschöpfungen bewiesen: *Krükele* und *Krüpele* sind einzigartige Wörter, die nur die Sprecher in und um Bonn herum gebrauchen. Die Bezeichnung *Knübele* (oft auch *Knüpele* geschrieben; gelb) ist ebenfalls eine originäre Bonner Schöpfung, die wohl eine Mischform aus den Wörtern *Knurschele* und *Krüpele* darstellt. Ähnlich verhält es sich mit der Variante *Krünkele* (grün), die offenbar aus *Krünschele* und *Krükele* entstanden ist.

> In den Bonner Obstsalat gehören außerdem: *Promme* ‚Pflaumen‘, *Brommele* ‚Brombeeren‘, *Impele* ‚Himbeeren‘, *Morbele* bzw. *Wolbere* (wörtlich ‚Waldbeeren‘; ‚Heidelbeeren‘), *Ärbele* ‚Erdbeeren‘, *Jehanns-druve* (wörtlich ‚Johannistrauben‘; ‚Johannisbeeren‘), *Druve* ‚Trauben‘, *Bere* ‚Birnen‘ und *Äppel* ‚Äpfel‘. Für Pfirsiche kennen die Bonner meh-rere Bezeichnungen: Neben *Persche* kann man die pelzigen Früchte auch *Plüschpromme* ‚Plüschpflaumen‘ oder – in Dransdorf – auch *Wösch-promme* nennen. Eine besondere Sorte sind die *Wölle Möpsche*, eine Art von ‚Weinbergpfirsichen,‘ die ein Godesberger nannte.

3. *Plötsch/Blötsch*

„Uns koffere Töt hät an de Schnut en …“[28]

Ginge es in Bonn darum, diesen bekannten Satz – den man Nicht-Dialekt-sprechern gern als Übersetzungsaufgabe aufgibt – zu vollenden, würden sich wohl hier die Geister scheiden: Handelt es sich bei der Delle im Ausguss der kupferen Kaffeekanne (oder bei jener im Kotflügel) um eine *Blötsch* oder eine *Plötsch*?

Der *Blötsch/Plötsch*-Äquator scheint genau durch Bonn zu verlaufen, betrach-tet man einmal die folgende Karte. Hier sind die Ergebnisse einer ILR-Um-frage aus dem Jahr 2002 dargestellt, die sich auf das gesamte Rheinland[29] beziehen; gefragt wurde nach der Bezeichnung für die Delle in der regiona-len Sprechsprache, wobei als Antwort beinahe immer entweder *Blötsch* oder *Plötsch* genannt wurde – ein Wort also, das dem Dialekt entstammt. Dabei sticht sogleich ins Auge, dass fast alle Rheinländer *Blötsch*, mit einem *B* im Anlaut (rot), sagen. Hier und da kommt auch mal *Plötsch* (grün) vor, doch der Anteil ist verschwindend gering – bis auf Bonn und den benachbarten Rhein-Sieg-Kreis: Hier schlägt das *Plötsch*-Barometer weit aus, bis auf rund 35 Prozent.

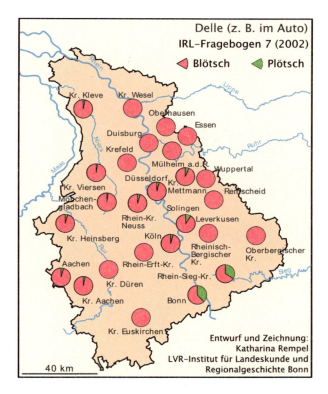

Und je weiter man von Bonn aus nach Süden geht, umso mehr stellt – im Dialekt – *Plötsch* die Variante mit *B* in den Schatten: In Grafschaft (etwa 15 Kilometer südwestlich von Bonn) kennt man im Platt noch beides, in Koblenz und Mülheim-Kärlich schon nur noch die *Plötsch*.[30] Sieht man hingegen in die andere Richtung, etwa nach Köln, trifft man in den Platt-Wörterbüchern nur auf die *Blötsch*.[31]

Betrachtet man nun die Ergebnisse der Dialekt-Umfrage von 2011 in Bonn, tritt *Plötsch* noch stärker zu Tage: Sind es im Regiolekt 35 Prozent, so gebrauchen im Dialekt rund 60 Prozent aller Bonner diese Variante. Zeichnet sich hier womöglich ein regionalsprachlicher Trend zu Gunsten der im Rheinland weiter verbreiteten *Blötsch*-Variante ab? Diese Frage wird im Regiolekt-Kapitel dieses Buches genauer betrachtet (s. S. 72).

Sieht man sich Bonn einmal genauer an, so vollzieht sich der mysteriöse Wechsel von Norden (*Blötsch*) nach Süden (*Plötsch*) innerhalb der Stadt. In nördlichen Stadtteilen wie Buschdorf oder Graurheindorf und in westlichen

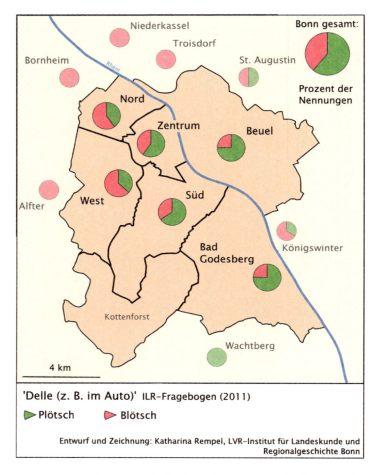

Ortsteilen wie Lessenich oder Endenich überwiegt noch der rote Anteil von *Blötsch* (ebenso in den nördlich benachbarten Kommunen Bornheim, Niederkassel und Troisdorf sowie im westlich liegenden Alfter). Doch das kehrt sich bereits im Zentrum und im südlichen Stadtbereich (also in Stadtteilen wie Ippendorf oder Ückesdorf) zu Gunsten von *Plötsch* um. In Beuel und Bad Godesberg stellt die *B*-Variante bereits nur noch 25 Prozent der Antworten – dieser Trend setzt sich auch im benachbarten Wachtberg fort.

Häufiger tritt der *B/P*-Wechsel allerdings in anderer Richtung auf. So verhält es sich etwa auch mit den Wörtern *Puckel* und *puckele*, die ,Rücken' und ‚etwas auf dem Rücken tragen‘ bedeuten. Hier bildet Bonn offensichtlich den südlichen Zipfel des *Puckel*-Gebietes: *Puckel/puckele* wurde hier 53mal, *Buckel/buckele* nur 4mal genannt (s. auch S. 50). Schon in Koblenz gibt die Wörterbuchautorin nur noch *Buckel* und *buckele* an.[32] Ebenso verhält es sich mit den Wörtern *Plümmo/Blümmo*, *Platz/Blatz* ‚Hefebrot‘ und *putzel/botze* ‚putzen‘: Bonn scheint eine Art von Übergangszone zu bilden und tendiert bei einem Wort eher zu *P* und bei dem anderen zu *B*.

Das Gegenstück zur Delle (nach innen gewölbt) ist die Beule, die konvex, also nach außen gewölbt, erscheint. Hier sind die Bonner aller Stadtteile sich zu 80 Prozent einig: Wenn man sich am Kopf stößt, hat man *en Bühl*. Nur vereinzelt sagen die Bonner auch hier *Plötsch* (noch seltener *Blötsch*). Andere Varianten sind *Dotz* oder *Hoen* bzw. *Höenche*.[33]

Variationen des beliebten Dialekt-Rätselsatzes, der im ganzen Rheinland bekannt ist, sind: *An usem erde (zennene) Kaffepott es an de Schnut en Blötsch*, *Us aal Kaffepott hät aner Zuut en Plötsch* oder *Us Sondagsnommedags-Kaffepott hät an de Schnut en Blötsch*.[34] Ein Nicht-Dialektsprecher dürfte seine liebe Not mit der Übersetzung haben.

4. *Schnettlooch* & *Öllechspiefje*

Von den Zwiebelpfeifen

Zahlenmäßig ist *Öllechspiefje*[35] bzw. *Piefje* (gelb in der Karte S. 35) die zweithäufigste Bezeichnung für den Schnittlauch in Bonn; knapp ein Drittel der Befragten schrieb (auch) dieses Wort auf den Fragebogen. In der folgenden Tabelle sind die häufigsten Bonner Bezeichnungen für ‚Schnittlauch‘ dargestellt, die Anzahl der Nennungen steht in Klammern (s. nächste Seite).[36]

Öllechspiefje bedeutet übersetzt so viel wie ‚Zwiebelpfeifchen‘, wobei ‚Pfeife‘ sich offensichtlich auf die hohlen Stängel des Gewächses bezieht. Es ist eine Bezeichnung, die laut dem „Rheinischen Wörterbuch" im gesamten ripuarischen Sprachgebiet gebräuchlich ist; also da, wo die ‚Zwiebel‘ *Ölle(s)ch* bzw. *Ölli(s)ch* genannt wird. Im niederfränkischen Sprachgebiet, wo die ‚Zwiebel‘ im Dialekt als *Look* bezeichnet wird, heißt das Gewächs dementsprechend, bloß andersherum: *Pippkeslook*.

Doch ob das, was das *Öllechspiefje* bezeichnet, tatsächlich der herkömmliche Schnittlauch (*Allium schoenoprasum*) sei, ist in Bonn eine echte Kontroverse. Gemäß dem „Rheinischen Wörterbuch" ist damit „der hohle Blütenstengel der Zw[iebel]"[37] gemeint. Zieht man den „Bonn-Beueler Sprachschatz" von Johannes Bücher zur Rate, so findet man folgenden Eintrag: „*Öllechspiefje*[38] n. <grünes Zwiebellaub, wie Schnittlauch verwandt>". Unter Schnittlauch heißt es: „*Schnettlooch* m. <grasartige Lauchart zum Schneiden>"[39]. Laut Bücher sind *Öllechspiefje* und *Schnettlooch* also zwei verschiedene Pflanzen, auch wenn sie auf gleiche Weise verwendet werden. Diese Ansicht wird von einigen Bonnern geteilt, wie sie auf dem Fragebogen vermerkten: „für Schnittlauch [gibt es] kein eigenes Wort, Zwiebellaub = Ölchspiefje" oder – mit wieder einer neuen Variante – „Pisslöfje (Öllesch-Piefje sind dicker)".

	Bonn gesamt
Schnittlauch	63%
Öllechspiefje	30%
Beeslöfje	7%

Etwas ausführlicher äußerte sich eine weitere Bonnerin zu diesem Thema: „*Öllechspiefje* ist was anderes. Da sind diese Röhrchen dicker und da sind unten noch die Zwiebeln dran. Also das ist ein Unterschied; *Schnittlauch* ist was anderes als *Öllechspiefje*. Obwohl manche, die das nicht wissen, sagen auch *Öllechspiefje*. Aber das ist nicht das Richtige." Ein anderer Plattsprecher erklärt diesen Umstand folgendermaßen: „Im Fragebogen wird nach dem Schnittlauch gefragt, den es meines Wissens seiner Zeit noch gar nicht gab und fälschlicherweise ‚Öllechspiefe' genannt wird. Öllechspiefe sind aber die grünen Austriebe von Schalott bzw. Steckzwiebeln".

Das genaue Gegenteil behauptet allerdings eine andere Bonnerin im Interview: „Nee, also *Schnittlauch* ist ja Hochdeutsch. Und dann wurde es abgeändert, im Platten: *Öllechspiefje*. Weil es ja aus der Zwiebel entsteht, kommt hoch – und dann war das *Öllechspiefje*. Und wir hatten einen kleinen Garten zu Hause und da sagte meine Mutter: ‚Jang ens in Jaade, *Öllechspiefje* schnigge!' Wir haben es aufs Brot, in den Salat, unter den Quark getan. Also *Öllechspiefje* und *Schnittlauch* ist das Gleiche."

Wer in diesem Fall Recht hat, kann an dieser Stelle nicht beurteilt werden. Mag sein, dass die feinen botanischen Unterschiede in der Benennung der Pflanzen für manche Sprecher mehr ins Gewicht fallen als für andere. Aber auch die Freude an einem so schönen Plattwort wie *Öllechspiefje* wird seinen

Teil zu diesem häufigen Gebrauch beitragen. Die Freude geht sogar so weit, dass der Brühl-Vochemer Karnevalsverein sich nach diesem Wort benannt hat: die ‚Vochemer Ölligspiefe'. Auf der Vereinshomepage ist die Geschichte

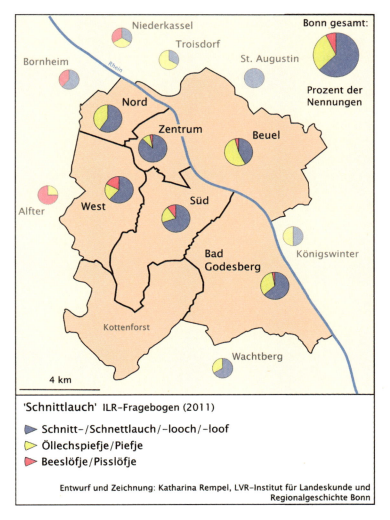

'Schnittlauch' ILR-Fragebogen (2011)

▶ Schnitt-/Schnettlauch/-looch/-loof
▷ Öllechspiefje/Piefje
▷ Beeslöfje/Pisslöfje

Entwurf und Zeichnung: Katharina Rempel, LVR-Institut für Landeskunde und Regionalgeschichte Bonn

des Namens zu lesen: „Angelehnt an die alte Überlieferung, nach der die Vochemer von den Fischenichern als ‚Ölligspiefe' tituliert wurden, nannte sich der Verein ‚Vochemer KG Ölligspiefe 1978', der später nach Eintragung in das Vereinsregister noch den Zusatz e.V. erhielt."[40] Ortsnecknamen, die etwas mit der Zwiebel zu tun haben, gibt es häufiger im Rheinland. *Öllichspeife* wurden laut „Rheinischem Wörterbuch" zum Beispiel auch die Bad Breisiger genannt und *Öllichsköpp*[41] die Oberkasseler.

Schnittlooch oder *Schneggloof?*

Für knapp zwei Drittel der Bonner – also die deutliche Mehrheit – heißt dieses Gartenkraut allerdings *Schnittlauch*[42], und das in all seinen Erscheinungsformen: mit Lautvarianten der ersten Silbe, mit *-loof* in der zweiten Silbe (s. unten) und auch einsilbig: *Lauch, Looch, Loof* (in der Karte ebenfalls blau). Die einen wählen eine eher standardnahe Variante, die anderen eine, die mehr dem Platt angeglichen ist. Für mehr als ein Drittel aller Bönnsch-Sprecher (in der gesamten Stadt) heißt das Kraut *Schnittlauch, Schnittlooch* oder *Schnettlooch.* Diese standard-identischen bzw. standardnahen Wörter zeigen bereits, was viele Gewährsleute in Kommentaren schrieben: Es gibt kein eigenes Bönnsches Wort für die Gewürzpflanze. Es wird allerdings auf die verschiedensten Weisen dem Platt angeglichen: Manche Sprecher gleichen nur den zweiten Teil des Kompositums an (*-lauch* → *-looch*), andere beide Teile (*Schnitt-* → *Schnett-, -lauch* → *-looch*). Etymologisch betrachtet finden wir diese Benennung bereits im Althochdeutschen (*snitalouh*) und Mittelhochdeutschen (*snit(e)louch*). „Das Benennungsmotiv ist wohl, dass der Schnittlauch immer wieder vom gleichen Stock geschnitten werden kann (obwohl auch denkbar wäre, dass das Kleinschneiden als Speisezutat für die Benennung maßgebend gewesen wäre).“[43]

	-looch	*-loof*
West	52%	48%
Zentrum	82%	18%
Beuel	90%	10%
Bonn gesamt	74%	26%
Bornheim	13%	87%

Ein Teil der Varianten – etwa 15 Prozent aller Antworten – entfallen auf die Komposita mit *-loof: Schnittloof* und *Schnettloof. Looch* und *Loof* sind etymologisch nicht dasselbe: Während *Looch* die Entsprechung des hochdeutschen *Lauches* ist, dürfte *Loof* in Zusammenhang mit *Laub* gestellt werden, so wie im Niederländischen, wo *loof* ‚Laub‘ bedeutet. Und auch das englische *leaf* ‚Blatt‘ gehört in dieselbe Benennungsgruppe. *Looch* und *Loof* sind in diesem Zusammenhang aber zu Synonymen geworden, was durch ihre ähnlichen Bedeutungsfelder begünstigt wurde.[44] Als Beweis für diese innerstädtische Varianz bieten sich die zwei Bönnsch-Wörterbücher von Herbert Weffer und Johannes Bücher an: Während Weffer nur *Schnettloof* aufführt, nennt Bücher allein *Schnettlooch*.[45]

Eine weitere dialektale Spielform dieser Bezeichnung ist *Schnegglooch* bzw. *Schneggloof* (oft auch in der Schreibweise *Schnek-*). *Schnegge* (in Köln *schnigge*) ist im Ripuarischen, und somit auch im Bönnschen, das Verb zu *Schnett*, bedeutet also ‚schneiden‘ (*schnegge/schnigge, schnett, jeschnedde*). Für diese Variante haben allem Anschein nach besonders die Plattsprecher aus dem Raum Bornheim/Vorgebirge eine Vorliebe. Dort nannten es vier von insgesamt dreizehn Gewährspersonen (30 Prozent). In Bonn selbst ist diese Bezeichnung äußerst selten. Die meisten Nennungen stammen hier aus Bad Godesberg (sechs Prozent aller Nennungen aus diesem Stadtbereich).

In der Tabelle sind die Anteile aller Nennungen, die auf *–loof* bzw. *–looch* enden, in den jeweiligen Stadtbereichen dargestellt. Die *Looch*-Varianten stellen in Bonn die deutliche Mehrheit: insgesamt drei Viertel aller Nennungen. Wenn etwa in Stadtteilen wie Geislar oder Bechlinghoven die Variante *Schnittlauch* gebraucht wird, dann so gut wie immer mit einer Endung auf *–looch* (90 Prozent). Anders sieht es im Norden von Bonn (Werte nicht in Tabelle), also zum Beispiel in Auerberg oder Buschdorf, und ganz besonders im Westen, etwa in Endenich oder Duisdorf, aus. Hier spielen die *Loof*-Varianten eine große Rolle. Sieht man einmal außerhalb der Stadtgrenzen nach Bornheim, kann man dieses Phänomen weiterverfolgen. Der Westen und Norden der Stadt wird also deutlich vom angrenzenden Gebiet beeinflusst. Hier scheint sich der Eindruck zu bestätigen, den einige Bonner äußerten: *-loof* ist die eher ländliche Variante. Betrachtet man vor diesem Hintergrund die Ergebnisse aus dem Zentrum, kann diese Vermutung bestätigt werden.

Binsenlauch & Co. im Laufe der Zeit

Die letzte Variante auf der Karte ist *Beeslöfje* bzw. *Pisslöfje* (rot). Das Kartenbild zeigt, dass diese im Westen der Stadt am häufigsten genannt wurde. Und auch außerhalb der Stadtgrenzen setzt sich ihr Vorkommen in westlicher und nördlicher Himmelsrichtung fort. In Anbetracht der geringen Antwortzahlen in diesen Gebieten (zwischen zwei und 13 Antworten), lässt sich hier eine deutliche Präferenz erkennen. Im Zentrum der Stadt sowie in Bad Godesberg wird *Beeslöfje* kein einziges Mal genannt, ebenso wenig in den südlich angrenzenden Kommunen. Es ist also offensichtlich eine Variante, die aus dem Nordwesten in die Stadt Bonn vorgedrungen ist.

Die Schreibweisen deuteten zumeist ein langes *e* an (*Bees-*, *Behslöfje*), aber es gibt auch Varianten mit kurzem *i* (*Biss-*, *Pisslöfje*) (s. S. 30). Im „Rheinischen Wörterbuch" findet man für die Gegend um Bonn *Beeslöfche*; *Pissläufche* ist für Mülheim an der Ruhr verzeichnet. Diese Bezeichnung (mitsamt all ihren

Spielformen) ließ sich um 1940[46], ausgehend von der Karte des „Deutschen Wortatlas"[47], in den östlichen Teilen des Rheinlandes (Bergisches Land) sowie im Westen (Raum Aachen) und im Nordosten (Raum Wesel) ausmachen. Dabei waren die einzelnen Varianten, wie etwa *Beestlauf*, *Beeskrut* oder *Beißlouch*, jeweils sehr kleinräumig verbreitet. Dass dieses Dialektwort auch an der niederländischen Grenze, in der Version *Beeslook* (rechtsrheinischer Kreis Wesel und südlicher Kreis Kleve) bzw. *Beesloof* (um Aachen) beheimatet ist, ist wenig verwunderlich – im Niederländischen heißt der Schnittlauch auch im Standard *bieslook*. Der Wortbestandteil *Bees-* hat im ripuarischen Dialekt die Bedeutung *Binse*[48], so dass man leicht auf die wörtliche Übersetzung *Binsenlauch* bzw. *-laub* stößt.

Gemäß der Karte des „Deutschen Wortatlas" lag Bonn vor etwa 70 Jahren am Rand des *Schnittlauch/–looch*-Gebiets. Auch um Köln herum herrschte diese Variante vor. Von Norden und Westen her wurde Bonn allerdings von einem *Beeslöffe*-Gebiet „in die Zange genommen".

Sowohl für den Westen der Stadt als auch für die nördlichen Nachbarn können diese Ergebnisse von etwa 1940 durch die aktuellen bestätigt werden; lediglich rechtsrheinisch sind heute kaum (mehr) *Beeslöffe*-Nennungen zu verzeichnen. Hier tritt dafür besonders häufig *Öllechspieße* auf – diese Variante ist aber auch im gesamten Bonner Stadtgebiet weit verbreitet. Bloß im Zentrum scheinen die Sprecher so gut wie nie (<10 Prozent) das *Öllechspieße* zu benutzen; sie schwören eher auf das standardnahe *Schnittlooch*.

Mehr Bönnsches Gemüse: *Kappes* ‚Weißkohl', *Schavue* ‚Wirsing', *Sprute* ‚Rosenkohl', *Eerpele* ‚Kartoffeln', *Möscheeier* oder *Köksje* ‚Wachtelbohnen', ‚bunte Bohnen', *Bunne* ‚Bohnen', *Eerze* ‚Erbsen' oder *Öllech* ‚Zwiebel'. Eine besondere alte Wirsingsorte ist übrigens der *Bonner Advent*. Er wird vereinzelt auch heute noch im Köln-Bonner Raum angebaut. Der Name ist wohl der Tatsache zu verdanken, dass „man die Pflanzen sehr spät im Jahr aufs Feld bringt"[49], nämlich im November. Zum Schluss noch ein kleines Rätsel aus dem Bonner Dialekt: Was stellen Sie sich unter dem *Poppeschavue* oder dem *Poppeköschekäppesje* vor? So wird scherzhaft die einzige Kohlsorte genannt, die ohne Weiteres auch in einer Puppenküche (*Poppekösche*) Verwendung fände: der Rosenkohl.

Die Schnittlauch-Karte des „Deutschen Wortatlas" hat für die damals verein-
zelten *Öllechspieße*-Belege keine eigenen Areale eingezeichnet. Es ist klar zu
erkennen, dass Bonn schon damals mitten in einem solchen Raum lag. Wenn
man aber die aktuelle Häufigkeit dieser Variante (ein Viertel aller Antworten)
in Vergleich zu den Einzelmeldungen von 1940 setzt, zeichnet sich offensichtlich eine jüngere Entwicklung zu Gunsten der *Öllechspieße*-Variante ab.

Die Karte zeigt außerdem ein weiteres Synonym, das offensichtlich damals
in der Bonner Gegend geläufig war: *Bre(e)tlo(o)f*. Es herrschte im Raum Zül-
pich bis hin nach Alfter/Swisttal sowie rechtsrheinisch im Raum Niederkassel/
Troisdorf/Siegburg bis hinunter nach Hennef vor. In der Bedeutung ‚Schnittlauch' sucht man dieses Wort heute in Bonn vergeblich. Fragt man allerdings
nach dem Porree, kann man fündig werden. Im „Rheinischen Wörterbuch"
findet man unter diesem Stichwort im Übrigen beide Bedeutungen: „Breitlauch *-lōx, –lōk, –lōf* [...] m.: Schnittlauch, Porree, porrum allium."[50]

5. *Breetloof/Breetlooch*

Anders als beim Schnittlauch waren sich die Bönnschen beim Poree so gut wie
einig. 87 Prozent von ihnen wählten als Bezeichnung entweder *Breetloof* oder
Breetlooch – das Verhältnis dieser zwei Varianten ist dabei sehr ausgewogen
(Werte in Prozent):

	Breetloof	*Breetlooch*
Nord	50%	33%
West	64%	30%
Zentrum	30%	50%
Süd	43%	50%
Beuel	31%	52%
Bad Godesberg	46%	42%
Bonn gesamt	44%	43%

Im Norden und Westen der Stadt überwiegt, wie schon beim Schnittlauch,
die *Loof*-Bezeichnung, während im Zentrum, im Süden und in Beuel wohl
mehr *Breetlooch* zu hören ist. Bad Godesberg verhält sich beim Porree allerdings etwas anders als noch beim Schnittlauch: Konnten bei dem dünnen

Zwiebellaub noch 73 Prozent der Nennungen für *–looch* verbucht werden, sind es beim Porree nur 42. Offensichtlich tendieren die Sprecher aus Ortsteilen wie Schweinheim oder Pennenfeld bei dem breiten Lauch zur Variante mit *–loof* am Ende, beim Schnittlauch zu der mit *-looch*.

Die restlichen 13 Prozent der Nennungen entfallen auf *Breitlauch* (fünf)[51], *Porree* (fünf), *Zuppegrön* (zwei), *Looch* (ein) und *Lauch* (ein). Anders als bei den Varianten für Schnittlauch gibt es bei den Porree-Bezeichnungen wenig Vermischung zwischen dialektalen und standardnahen Wortbestandteilen: Nur vier Personen gaben eine Variante *Breetlauch* an (oben zu *Breetlooch* gerechnet). Auch die deutlich standardnahen Bezeichnungen tauchen im Bönnschen nur selten auf: *Breitlauch*, *Porree* und *Lauch* kommen insgesamt nur auf elf Prozent der Nennungen. Hier ist Bonn also noch durchweg „dialektfest".

6. *zoppe* & *stippe*

„Und in was tunkt, stippt, dippt, titscht ihr so?"[52]

Mit dieser Frage hat eine sogenannte Koch-Bloggerin – also eine Dame, die auf ihrer Internetseite täglich den geneigten Lesern Rezepte vorstellt – versucht, möglichst alle ihre Leser zu erreichen, ganz gleich, aus welcher Region Deutschlands diese kommen mögen. Was allerdings fehlte, ist *zoppen*, im Bönnschen *zoppe*.

,etwas eintauchen (zum Beispiel ein Stück Gebäck in den Kaffee)'	
zoppe	77%
stippe	13%
tunke	7%

Das *Zoppe* scheint eine der Lieblingsbeschäftigungen des Rheinländers zu sein – und da fällt der Bonner nicht heraus. *Jezopp* werden kann vieles: das Brot in die Suppe, der Keks in den Kaffee, die Wäsche ins Wasser oder der Finger in den Kuchenteig. Gemeint ist stets die gleiche Handlung: Etwas wird kurz in eine Flüssigkeit getaucht. Eine *Zoppe* wird dementsprechend eine breiartige Speise genannt (etwa eine Tunke oder ein Eintopf)[53], in die man gut etwas *einzoppen* kann. Besonders gerne tut dies – so schrieben zwei Bonner auf ihren Fragebögen – übrigens die *Zoppjroos*, wörtlich ‚Zoppgroßmutter', also eine ältere Dame, die nicht mehr alle ihre Zähne besitzt. Das *Zoppmetz* ist das Küchenmesser, „mit dem man die Zutaten für eine *Zoppe* schnibbelt."[54]

Für die beschriebene Tätigkeit wählten etwa drei Viertel aller Bonner Plattsprecher die Bezeichnung *zoppe*. Auf Platz zwei, mit etwa 13 Prozent der Nennungen weit abgeschlagen, rangiert *stippe*, gefolgt von *tunke* mit sieben Prozent. Eine geographische Verteilung gibt es dabei nicht: Alle Stadtbereiche liefern in etwa die gleichen Zahlen.

Das Dialektwort *stippe*, das im zentralen Rheinland, im Bergischen Land und im Ruhrgebiet bekannt ist (im Westerwald und im Siegerland als *stibbe*, im Kleverland als *steppe*), hat es sogar in die deutsche Standardsprache geschafft: Im „Duden" wird es als *stippen* verzeichnet, allerdings mit dem Vermerk „Gebrauch besonders norddeutsch".[55]

Tunke hingegen ist vor allem in den Dialekten des südlichen Rheinlandes, also im Moselfränkischen und Rheinfränkischen, in den Form *tunke(n)* oder *dunke(n)/dungge(n)* beheimatet (an der Saar, an der Mosel und in der Westeifel)[56]. In nördlicheren Dialektgefilden ist es laut „Rheinischem Wörterbuch" eher selten belegt – und dies bestätigen auch die aktuellen Zahlen.

Zoppe ist den Dialekten des Rheinlandes vorbehalten. Es ist bereits 1530 im Altkölnischen belegt und ist verwandt mit niederländisch *soppen* ,eintunken'.[57] Das Wort hat seinen Ursprung im Niederdeutschen, wo es sich von *supen* ableitet – die hochdeutsche Entsprechung dazu ist *saufen* – in der Bedeutung „etwas Flüssiges mit dem Löffel essen". Auch der Ursprung der standarddeutschen *Suppe* kann hier verortet werden.[58] In Bonn (und Umgebung) hat *zoppe* noch eine weitere Bedeutung: *se (et) jezopp krije*[59] kann hier ,eine Ohrfeige' oder gar ,eine Tracht Prügel erhalten' heißen. Interessant ist, dass in manchen Gegenden des Rheinlandes sowohl *zoppe* (gilt für Orte im Kleverland sowie für Düsseldorf) als auch *stippe* (gilt für Duisburg und Bitburg) ,etwas stibitzen, stehlen' bedeuten kann.

7. *zoppe* & *ducke*

„Die han mich jezopp!"

Nicht nur in kulinarischem Kontext ist *zoppe* weit verbreitet – auch in Freibädern hat dieses Wort seine Daseinsberechtigung. Auf die Frage „Wie nennen Sie ,jemanden untertauchen (zum Beispiel im Schwimmbad)'?" antwortete jeder dritte Bönnsch-Sprecher ebenfalls *zoppe*. Das ist im Vergleich zu der vorherigen Frage weitaus weniger. Der Grund hierfür liegt in der großen Auswahl von Synonymen, die den Plattsprechern hier zur Verfügung stehen. Dabei sind diese Varianten in allen Stadtteilen etwa gleich häufig vertreten und in jedem Stadtteil kann man stets auf mehrere dieser Synonyme stoßen – die Liebe zur Variation ist bei den Bonnern groß.

‚jemanden untertauchen (zum Beispiel im Schwimmbad)‘	
zoppe	35%
ducke	27%
döfe	20%
döppe	10%
tunke	8%

Neben *zoppe* wurde beinahe ebenso häufig *ducke* genannt. Im Mittelfeld rangiert die Variante *döfe*. Deutlich seltener nennen die Bonner diese Tätigkeit *döppe* (auch *doppe*, *düppe* oder *dippe*) und *tunke*. War *stippe* bei der Frage nach ‚eintunken in ein Getränk‘ noch die zweithäufigste Antwort, nennt es in diesem Kontext keiner mehr. Dabei führt das „Rheinische Wörterbuch“ es durchaus auch in der Bedeutung von ‚jemanden ins Wasser tauchen‘ im ripuarischen Dialektgebiet.[60] Hier könnte sich seit den 1920er Jahren (also dem Zeitpunkt der Befragung zum „Rheinischen Wörterbuch“) womöglich etwas im Gebrauch verändert haben. *Tunke* wird auch in diesem Kontext im Bönnschen nur selten gebraucht.

In dieser Aufzählung sind allerdings nur die fünf häufigsten Varianten vertreten. Außerdem wurden für diese Tätigkeit noch genannt: *(unge)dooche* (drei)[61], *(unge)dröcke* (zehn), *ungedeue* (vier), *dubsche* (eine), *duppe* (drei), *(unge)tauche* (fünf), *titsche* (eine), *tuppe* (drei), *tusche* (eine) und *versööfe* (eine): eine immense Vielfalt an Wörtern, die eine einzige Tätigkeit beschreiben.

Zu den häufigsten Varianten zählen – neben *zoppe* – *ducke*, *döfe* und *döppe*. *Döppe* ist ebenso wie *döfe* mit dem Standarddeutschen *taufen* (mittelhochdeutsch *toufen*) verwandt. Dabei ist *döppe* die niederdeutsche Variante – im verwandten Niederländischen heißt ‚taufen‘ entsprechend *dopen* –, *döfe* (in Köln auch *däufe*[62]) die mitteldeutsche. *Jemanden ducken* ist offensichtlich eine Bedeutungserweiterung zu *sich ducken* (‚sich schnell nach unten neigen‘).

Es zeigt ebenfalls den niederdeutschen Lautstand und gehört zu der Wortfamilie *tauchen*.[63]

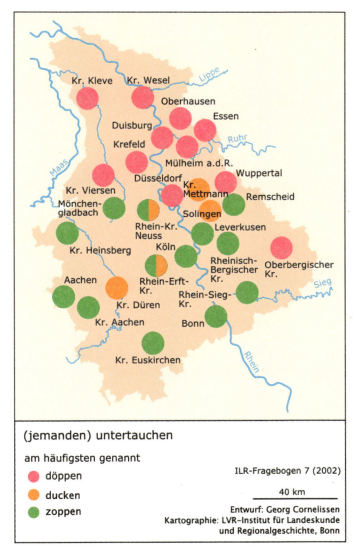

Bereits 2002 hat das ILR danach gefragt, wie die Menschen im Rheinland zu ‚jemanden untertauchen' sagen. Gefragt wurde allerdings nicht nach dem Dialekt, sondern nach dem Regiolekt. In der dazugehörigen Karte werden wiederum jene Varianten dargestellt, die in dem jeweiligen Kreis bzw. in der kreisfreien Stadt am häufigsten genannt wurden.[64]

Deutlich ist die areale Verteilung der drei Varianten *zoppen*, *ducken* und *döppen* erkennbar. Dabei wird das Rheinland in zwei große Gebiete geteilt: ein südliches und ein nördliches. *Zoppen* (grün) gilt vor allem im Süden des Rheinlandes, zu dem auch Bonn gehört (und das stimmt mit den Ergebnissen aus der Bonn-Erhebung überein). Die nördliche Grenze bilden Mönchengladbach sowie die Städte Köln und Remscheid. Nördlich hiervon sagen die Menschen überwiegend *döppen* (rot), und zwar angefangen im Kreis Viersen, in Düsseldorf und Wuppertal bis hinauf zum Niederrhein (Kreis Wesel und Kreis Kleve) – der Oberbergische Kreis bildet einen Ausreißer. Das weitaus kleinere *ducken*-Gebiet (gelb) ragt gewissermaßen in das *zoppen*-Areal hinein und erstreckt sich von Südwesten (Kreis Düren) über den Rhein-Erft-Kreis bis in den Nordosten (Solingen und Kreis Mettmann).

Natürlich kann man die Ergebnisse für den Regiolekt nicht eins zu eins auf den Dialekt übertragen. Doch bei allen angeführten Wörtern handelt es sich um regionale Varianten, die ursprünglich dem Dialekt entstammen. Wie die Ergebnisse aus der Bonner Plattbefragung zeigen, kennen die Menschen hier natürlich neben *zoppe(n)* auch die zwei anderen ‚großen‘ Varianten (und noch einige mehr). Dabei ist die geographisch nächste Variante *ducke(n)*, und diese wurde auch am zweithäufigsten genannt. *Döppe(n)*, das überwiegend weiter im Norden anzutreffen ist, stellt in Bonn dementsprechend nur ein Zehntel der Antworten. Nicht anders verhält es sich auch mit *tunke*, das – im Dialekt – in der Eifel „zur Hochform aufläuft"[65] und in Bonn nur vereinzelt genannt wird. Es gibt sie also auch hier, die regionalen Favoriten, aber sichtbar werden sie erst im gesamtrheinischen Zusammenhang.

1931 wurde hier „jezopp", „jeduck" und „jedöf"...

8. *Woche, Wauche* & *Weiche*

Wie in der Einleitung bereits beschrieben, hatte der Sprachforscher Georg Wenker 1876 bis 1887[66] seine Fragebögen zum jeweiligen Ortsdialekt in alle Gebiete des damaligen Deutschen Reiches geschickt, und zwar jeweils an die Lehrer gerichtet. Auch 15 Lehrer aus dem heutigen Bonner Stadtgebiet füllten diese Fragebögen 1884[67] aus (damals lagen die meisten dieser Orte noch außerhalb der Stadt und hatten eigene Dorfschulen) und sandten sie an ihn zurück. Auf diese Weise liegen uns heute Sprachdaten aus dem Jahr 1884 aus den folgenden Stadtteilen vor: Bonn, Buschdorf, Dransdorf, Endenich, Lengsdorf, Röttgen, Dottendorf, Plittersdorf, Lannesdorf, Mehlem, Schwarzrheindorf, Vilich-Müldorf, Beuel, Pützchen und Küdinghoven.

Einer der zu übersetzenden Sätze lautete: „Er ist vor vier oder sechs Wochen gestorben." Auf dem Antwortbogen aus Bonn-Stadt hatte der Lehrer folgende Übersetzung notiert: *Hä äß füa viä ode sechs Woche jestorwe.*[68] Auch die Lehrer aus Dransdorf und Endenich meldeten – jetzt in der Einzahl – *Woch*[69] (s. Karte S. 46: blau). Rechts des Rheins war dies außerdem in Beuel, Küdinghoven und Pützchen der Fall. Es zog sich also sozusagen ein *Woch*-Streifen vom Westen des heutigen Bonns in den Osten. Anderes war auf den Bögen verzeichnet, die etwas weiter von der Kernstadt entfernt, vor allem in Norden und Westen, lagen: Die Lehrer aus Buschdorf, Lengsdorf und Röttgen hatten für ‚Woche' *Weich* (grün) geschrieben. Und auch im rechtsrheinischen Norden, genauer in Vilich-Müldorf, übersetzte man ‚Woche' in dieser Form. Innerhalb des heutigen Stadtbezirks Bad Godesberg nannten die drei dort befragten Lehrer aus Plittersdorf, Lannesdorf und Mehlem eine weitere Variante: *Wauch* (rot). Sie kam außerdem in Schwarzrheindorf vor. Und als wären diese drei Formen nicht genug: Dottendorf meldete eine weitere: *Wäch* (hellblau). Zwischen den Orten, deren Siedlungen damals noch getrennt lagen, gab es offensichtlich eine große Bandbreite an Dialektvarianz. Schaut man einmal auf einer der Karten, die auf der Grundlage von Wenkers Fragebögen als „Deutscher Sprachatlas"[70] erschienen sind, in die Nachbargemeinden Bonns, wird nördlich und westlich der Stadt ein zusammenhängendes *Weich*-Gebiet erkennbar. Im Süden und Südosten setzen sich die *Wauch*-Nennungen fort und im Südwesten herrscht *Wäch* vor. *Woch* ist die am weitesten verbreitete von den vieren, die in Bonn anzutreffen sind. Sie hat ein großes Verbreitungsgebiet im Süden Deutschlands und gilt auch für das südliche Rheinland. Auf der rechten Rheinseite reicht es sogar bis nach Deutz und Siegburg und dringt bis in die Stadt Bonn hinein. Die Dörfer, die heute zu Bonn gehören, waren damals sprachlich also noch fest mit ihrer Umgebung verzahnt. Hätte Georg Wenker auf dem Bonner Markt zum Beispiel einen Bauern aus Buschdorf und einen aus Lannesdorf über ihre Pläne für die nächste *Weich* bzw. *Wauch* sprechen hören, hätte er ihre Höfe ohne Probleme zumindest nach der Himmelsrichtung lokalisieren können.

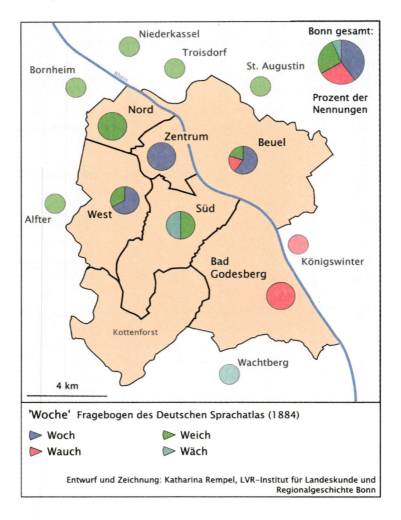

'Woche' Fragebogen des Deutschen Sprachatlas (1884)

- Woch
- Wauch
- Weich
- Wäch

Entwurf und Zeichnung: Katharina Rempel, LVR-Institut für Landeskunde und Regionalgeschichte Bonn

Diese beiden Formen, *Weich* und *Wauch*, sind wegen ihrer Diphthonge *ei* und *au* besonders interessant. Die Form *Weich* geht auf *Wääch* zurück, mit einem langen *ä*, und *Wauch* auf *Wooch* mit langem *o*. Geht man noch weiter in die (Sprach-)Geschichte zurück, so wurden diese langen Vokale einmal kurz ausgesprochen. Ferdinand Münch (1904) und Wilhelm Müller (1912) haben in ihren Untersuchungen zahlreiche Parallelfälle zu dieser Lautentwicklung feststellen können: „Beide analysierten Dialekte in der westlichen Nachbarschaft

Kölns, und beide beschrieben Diphthongierungen von Langvokalen, die ursprünglich einmal Kurzvokale waren, vor einem folgenden *f,* vor *ch,* vor *s* und *sch.*"[71] Andere Beispiele hierfür sind *Teisch*[72]/ *Täsch* für ‚Tasche‘, *Keis* für ‚Kiste‘, *Schauss* für ‚Schoss‘ ‚Schublade‘, *Lauch* für ‚Loch‘ und *kauche* für ‚kochen‘. Die Gebiete, in denen die Formen *Teisch* und *Weich* gelten, sind im Großen und Ganzen die gleichen: der westliche Teil des Rheinlandes, im Osten begrenzt durch den Rhein; jenseits des Rheins kommt der Diphthong vor allem entlang der Sieg vor. Das Hauptverbreitungsgebiet liegt um Aachen, Kerpen und Schleiden, wobei beide Gebiete etwas abweichende Grenzen aufweisen. *Weich* reicht im Osten und im Norden weiter, bis an den Rhein (und nördlich von Bonn darüber hinaus), *Teisch* hingegen breitet sich mehr in den Westen, bis zur niederländischen und belgischen Grenze hin, aus. Wenn man jedoch bedenkt, dass die Belege für *Weich* von 1884 stammen und die für *Teisch* von 1997, ist es sehr wahrscheinlich, dass sich beide Gebiete ursprünglich mehr deckten.

Dass diese diphthongierten Wortformen vor allem in ländlichen Gebieten zu finden waren, haben schon die Verfasser der Zeitschrift „Maikäfer"[73] festgestellt. Friedhelm Debus (1962) schreibt den Großstädten eine sprachliche Ausstrahlung auf die ländlichen Gegenden zu. Wo um eine große Stadt herum noch *Weich* oder *Wäch* gegolten hat, hält immer mehr *Woch* Einzug.[74]

In seinem Buch „Lachende Heimat" aus dem Jahre 1951 hat Josef Dietz Geschichten und Anekdoten gesammelt, die er größtenteils vor dem Zweiten Weltkrieg in Bonn und Umgebung gehört hat. So auch die folgende: *Zur Kirmes besuchen Bonner Gäste gute Bekannte in Grau-Rheindorf. Sie werden mit Kaffee und Streukuchen reichlich bewirtet. Da tritt das Söhnchen des Gastgebers herein, ein Zweikäsehoch von drei Jahren. Man ruft ihn an den Tisch und gibt ihm einen Groschen „Kirmesgeld". Da stellt sich der kleine Kerl breitbeinig hin, zieht die Taschen seiner Hose heraus und sagt voller Ernst: „Ich hann zwei Teische!"*[75]

Zurück in die Zukunft

Welche Wirkung hat nun die Stadt Bonn in den vergangenen 130 Jahren auf die umliegenden Dörfer und Gemeinden gehabt? Gehen wir also wieder zurück in die Zukunft, in das Jahr 2011. Georg Wenker steht wieder auf dem Bonner Marktplatz; die Stände wirken natürlich etwas befremdlich auf ihn, aber im Großen und Ganzen hat sich hier nicht viel verändert. Natürlich möchte er sogleich testen, ob sein Taschenspielertrick noch funktioniert, und er fragt eine Marktfrau, wie lange er dies und jenes lagern dürfe. „Mehrere Wochen", erhält er als Antwort. Das Gleiche fragt er auch den Herrn vom Nachbarstand – dieselbe Antwort. Woher er denn käme, fragt der irritierte Forscher den Bauern daraufhin. „Aus Bornheim", antwortet dieser. Georg Wenker ist verunsichert; Bornheim war zu seiner Zeit noch geschlossenes *Weich*-Gebiet.

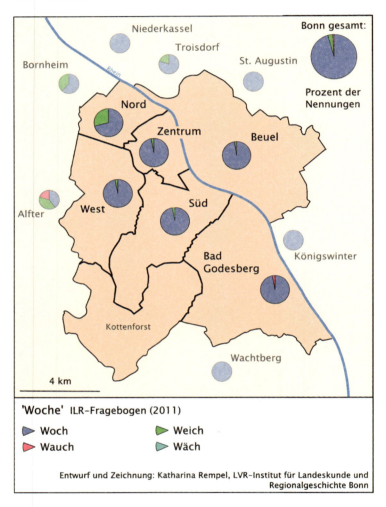

'Woche' ILR-Fragebogen (2011)

▶ Woch   ▶ Weich
▶ Wauch   ▶ Wäch

Entwurf und Zeichnung: Katharina Rempel, LVR-Institut für Landeskunde und Regionalgeschichte Bonn

Doch in Bonn und Umgebung hat sich einiges getan seit 1884. *Woch* hat in allen Stadtteilen Einzug gehalten und die anderen Formen verdrängt. Die wenigen *Weich*- bzw. *Wauch*-Belege, die in Bonn 2011 noch genannt wurden, waren immer mit einem Kommentar versehen: „veraltet" oder „früher". 95 Prozent der Bonner kannten aber nur noch eine Variante: *Woch*. In einigen angrenzenden Gemeinden war der Schnitt etwas besser: In Alfter nannten zwei von fünf Befragten *Weich* und einer *Wauch*. Und auch in Bornheim lag die Quote höher: Fünf von dreizehn kannten noch die diphthongierte Form *Weich*. In Troisdorf nannte sie einer von fünf. Zum Vergleich: Im Bereich West der Stadt Bonn kannten gerade mal noch zwei von 43 Befragten diese auffällige Form. Im Norden der Stadt waren es immerhin noch zwei von sieben. Hier schließt sich der nördliche Teil Bonns der angrenzenden Stadt Bornheim an, von der er offensichtlich noch stark beeinflusst wird.

Vergleicht man nun diese zwei Karten als Momentaufnahmen einer Sprache, die stets in Bewegung ist und sich entwickelt und verändert, erkennt man bereits 1884 eine Tendenz zur Situation von 2011. In der Stadt hat sich die standardsprachliche Form schon durchgesetzt. Im Zentrum lebten seit jeher Angehörige der Bildungsschichten, bei denen die Standardsprache bzw. standardnahe Umgangssprache zuerst Fuß fassen konnte, die mundartliche Formen und Lautungen verdrängte. Je mehr sich die umliegenden Dörfer zum Zentrum hin orientierten, desto mehr Einfluss konnte diese Sprachlage auch auf sie ausüben. Das folgende Zitat von 1935, das sich auf Köln bezieht, gilt in gleichem Maße auch für Bonn: „Die Stadtgrenzen haben sich durch die großen Eingemeindungen weit nach außen verschoben. Das ganze Gebiet ist durchzogen von Straßen, die von Köln ausstrahlen. Daneben sind eine Reihe von Orten durch Bahnen mit Köln verbunden. […] Die Einflüsse durch Schule und Zeitung befördern die sprachliche Vermischung und Verwischung."[76]

1902 hörte man auf dem Bonner Markt noch mehr Varianten...

Die diphthongierten Varianten, die die Bonner 2011 noch kannten, werden eindeutig als „veraltet" eingestuft. Die Menschen kennen sie zwar noch, benutzen aber selbst im Alltag die Variante *Woch*. In den Kommunen Bornheim oder Alfter, die noch heute viel Landwirtschaft verzeichnen können und nicht mit der Stadt Bonn zusammengewachsen sind, sind *Weich* und *Wauch* den Menschen noch etwas geläufiger. Aber auch hier ist eine deutliche Entwicklung gegenüber 1884 zu erkennen. Mit den Ergebnissen der Befragung 2011 erfassen wir also gerade noch den letzten Zipfel der lautlichen Vielfalt, die damals im Raum Bonn noch ganz selbstverständlich war.

9. *puckele*

„No Kresdag drare sech de Fierdag packeläusche"[77] – Redensarten von früher

Es ist schon erstaunlich, wie reich der Dialekt an Bezeichnungsvarianten für bestimmte Tätigkeiten ist – oder besser gesagt: war. Das gilt besonders für Begriffe aus der Kindersprache, denn Kinder sind wahre Künstler, was das Spiel mit der Sprache betrifft. Den lieben Kleinen könnte es zu verdanken sein, dass es um 1920 zum Beispiel in Bonn allein mindestens neun Synonyme für den Begriff ‚jemanden huckepack tragen' gab.

Wenn man hier auf die 1920 ausgefüllten Fragebögen für das „Rheinische Wörterbuch" aus Bonn zurückgreift[78], trifft man auf die folgenden Varianten: *hucke-/hackepack*, *puckele*, *buckele*, *pucke-/packe-/kakelötsch*, *buckeläusche*, *buckelhözen*, *puckelrötsch/-röts* sowie *hucke-/hackepöts*. In den benachbarten Gemeinden und Städten begegnete man damals auch *hackepules/-pudes* (Wachtberg) oder *huckelepuck* (Niederkassel und Königswinter). Es ist etwa so wie bei einem Baukasten: Aus den Wortbestandteilen

hacke-		*-pack(e)*
packe-		*-lötsch*
hucke-		*-läusche*
pucke-	&	*-pöts*
bucke-		*-rötsch*
kake-		*-röts*
		-hözen

konnte man fast nach Lust und Laune die verschiedensten Kombinationen kreieren. Und jeder Stadtteil kannte meistens mehrere von diesen Synonymen. Eine erkennbare geographische Verteilung der Varianten im Stadtgebiet gibt es nicht, allerdings zeichneten sich bestimmte Tendenzen ab. So traf man *buckeläusche* (s. Karte S. 52: mittelgrün) nur in Godesberg (und im rechtsrheinisch benachbarten Königswinter). *Kakelötsch* (gelb) scheint nur in Vilich und Schwarzrheindorf vorgekommen zu sein. Interessant ist außerdem, dass *buckele* mit *b* (und Spielarten wie *buckelhözen* und *buckeläusche*; in der Karte hell-, mittel- und dunkelgrün) eher in den Stadtteilen Dottendorf und Kessenich und in Bad Godesberg genannt wurde, während *puckele* (rot) (sowie *puckelötsch* (orange) u. ä.) im gesamten Stadtgebiet anzutreffen war[79] – ähnlich verhält es sich ja (heute) mit *Plötsch* und *Blötsch* (s. S. 30). Die am häufigsten genannte Bezeichnung für ,jemanden auf dem Rücken tragen' in und um Bonn war *puckele* bzw. *(op de) Puckel drahe.*

Huckepack ist ein Wort, das aus der Standardsprache stammt; dabei bedeutet *Hucke* ,auf dem Rücken zu tragende Last'[80]; im Bönnschen kommt auch die dazugehörige Spielform *hacke-* vor. *Pack* ist die oberdeutsche Entsprechung zum niederdeutschen *Back* ,Rücken'[81]. Lautlich sehr ähnlich zu *Hucke* sind *Pucke(l)* sowie – seltener – *Bucke(l)*, die ebenfalls den ,Rücken' bezeichnen. Das Bestimmungswort *Rötsch* bedeutet im Bönnschen ,Rutsche'[82], was in der Zusammensetzung *puckelrötsch* so viel wie ,Rücken-' oder ,Buckelrutsche' heißen könnte. *Lötsche* bedeutet ,Lutscher', man könnte aber das lautlich ähnliche *letschich* (,glitschig') dazu stellen.[83] Generell zählt wohl der Lautwert der Wörter bei den Zusammensetzungen mehr als die entsprechende Bedeutung – das zeigen die vielen klanglich ähnlichen Varianten.

Heute wird noch immer *jepuckelt*

Der alte Variantenreichtum hat die Zeit nicht überdauert. Die aktuelle Karte (s. S. 53) zeigt noch sechs Synonyme. *Puckele* bzw. *op de Puckel (drare)* (rot) ist die häufigste Bezeichnung geblieben, heute sogar noch etwas häufiger als früher (45 Prozent zu heute 50 Prozent). Das Pendant mit *b* im Anlaut, also *buckele* bzw. *Buckel* (grün), wird immer noch selten genannt (drei Prozent). Ein Viertel der Nennungen entfällt auf das standardnahe *huckepack* (mittelblau), dessen Anteil gegenüber früher deutlich zugenommen hat (neun Prozent; heute 21 Prozent). Eine große Anzahl – fast die Hälfte – der Befragten gab kein Wort für ,huckepack' auf ihrem Fragebogen an. Natürlich sind sie hier nicht ,sprachlos'. Viel eher deutet dies darauf hin, dass sie kein anderes Synonym für ,huckepack' kennen. Zählte man diese „leeren Antworten" also noch zu den *huckepack*-Nennungen hinzu, würde deren Zahl auf 46 Prozent steigen. Eine weitere Bezeichnung, die dem Standarddeutschen sehr nahe ist und 13 Prozent aller (tatsächlichen) aktuellen Nennungen ausmacht, ist *op de Rücke (drare)* (violett). Sie spielte in der Befragung vor 90 Jahren noch keine Rolle. Die Verteilung dieser vier häufigen Synonyme ist in allen Stadtbereichen (außer im Norden) relativ gleich, es lassen sich also keine geographischen Variantenverteilungen feststellen.

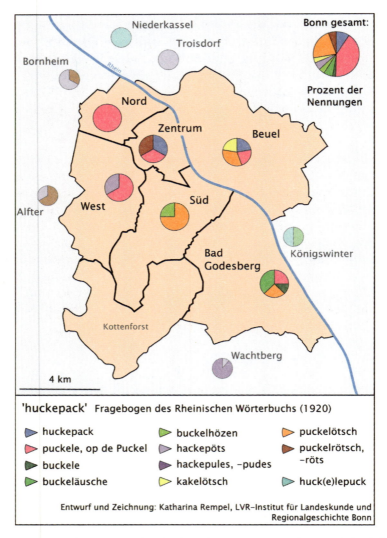

'huckepack' Fragebogen des Rheinischen Wörterbuchs (1920)

- ▶ huckepack
- ▶ puckele, op de Puckel
- ▶ buckele
- ▶ buckeläusche
- ▶ buckelhözen
- ▶ hackepöts
- ▶ hackepules, –pudes
- ▶ kakelötsch
- ▶ puckelötsch
- ▶ puckelrötsch, –röts
- ▶ huck(e)lepuck

Entwurf und Zeichnung: Katharina Rempel, LVR-Institut für Landeskunde und Regionalgeschichte Bonn

Zwei Varianten, die 1920 in der Stadt nicht genannt wurden, sind *huckelepuck* (hellblau) und *hackeläusche* (orange); *huckelepuck* kommt heute vor allem in den rechtsrheinischen Stadtteilen vor. Es fällt auf, dass diese Variante auch früher schon östlich des Rheins anzutreffen war: Sie wurde 1920 in Niederkassel und Königswinter erfasst. Das Wort *hackeläusche* hingegen taucht in der älteren Karte weder in noch um Bonn herum auf. Insgesamt wird es in der aktuellen Befragung drei Mal genannt: in Graurheindorf[84], in Endenich und in Kessenich. Im „Rheinischen Wörterbuch" wird es nur für Rauschendorf, Westerhausen und Hofen[85] (Orte zwischen Königswinter und Hennef)

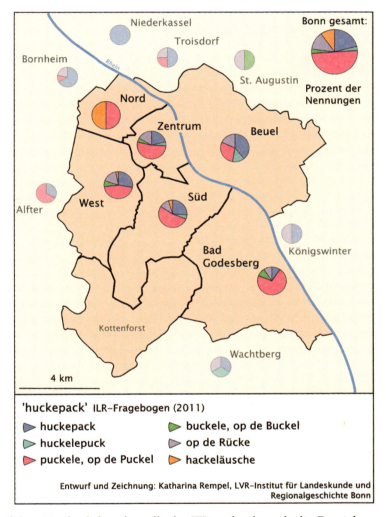

'huckepack' ILR-Fragebogen (2011)

▶ huckepack   ▶ buckele, op de Buckel
▶ huckelepuck   ▶ op de Rücke
▶ puckele, op de Puckel   ▶ hackeläusche

Entwurf und Zeichnung: Katharina Rempel, LVR-Institut für Landeskunde und Regionalgeschichte Bonn

aufgeführt. Zu *hackeläusche* stellt das Wörterbuch auch die Bezeichnung *kakelötsch*, die in der älteren Befragung in Vilich und Schwarzrheindorf im heutigen Stadtbezirk Beuel genannt wurde. Es wird außerdem ähnlich dem vor 90 Jahren in Friesdorf und Godesberg genannten *buckeläusche* gebildet.

Hervorzuheben ist, dass die Bonner Hauptvariante für ‚huckepack tragen', nämlich *puckele*, ihre Position nach wie vor halten kann. Die standardnahen

Varianten *huckepack* und *op de Röcke (drare)* hingegen sind im Bonner Dialekt heute wesentlich stärker verbreitet als 1920. Im Gegenzug sind viele der spielerischen, früher zum Teil häufig genannten Formen (etwa *puckelötsch*) inzwischen aus dem Bönnschen verschwunden.

10. *Kuckeleboom & Buckelebuh*

Die aktuellen Ergebnisse zeigen: Bonn war und ist *Kuckeleboom*-Gebiet. Stolze 92 Prozent der Nennungen entfallen aktuell auf diese Bezeichnung für den *Purzelbaum*. Besonders in rechtsrheinischen Stadtteilen wie Limperich und Oberkassel tauchen aber auch andere Synonyme auf: *Buckeleboom* (3 Prozent) und *Buckelebuh* (5 Prozent). In geringerer Häufigkeit werden sie auch in den Bad Godesberger Stadtteilen Friesdorf und Rüngsdorf genannt. Beide Varianten sind noch stärker im angrenzenden Wachtberg und Königswinter vertreten. Im Vergleich zu der Karte aus dem „Rheinischen Wörterbuch", die ebenfalls die Bezeichnungen für den ‚Purzelbaum' darstellt und auf einem Fragebogen von 1930 basiert, hat sich in und um Bonn herum seit damals nichts verändert: Bonn liegt laut dieser Karte in einem großen *Kuckeleboom*-Gebiet, das im Norden ungefähr bis Neuss, im Westen bis Heinsberg, im Süden bis Nettersheim und im Osten bis nach Siegburg reicht[86] – inwiefern dieses große Areal heute noch so besteht, lässt sich auf Grund der Ergebnisse für Bonn natürlich nicht sagen. Doch dass das alte Kartenbild zumindest im Bonner Raum noch Geltung hat, beweist das kleine *Buckeleboom*-Gebiet, wie es für 1930 im Osten Bonns zu erkennen ist. Dieses Areal besteht auch heute noch so im rechtsrheinischen Stadtgebiet.

Ein Kaplan, der offensichtlich nicht des Platts mächtig ist, gerät ins Grübeln: Ein Jüngelchen hat gebeichtet: „Ich hab den Kucklebutz geschlagen." Der Kaplan fragte: „Geht der mit dir in die Schule?" – „Nein." „Ist er denn dein Bruder?" – „Nein." „Ist es ein Verwandter von dir?" „Nein" – Kurz entschlossen springt der Junge auf und schlägt vor dem Beichtstuhl den Kucklebutz. Dann kommt er wieder zurück und sagt: „Das ist der Kucklebutz! Meine Mutter hat mir verboten, ihn zu schlagen." Ein paar Quiselchen, die am Beichtstuhl knieten, sprangen in die Höhe und waren fort, wie die Kugel aus der Flinte. Sie hatten gemeint, das wäre die Buße für den Jungen.

Anekdote von Josef Dietz, aufgezeichnet in Wesseling, nördlich von Bonn. Hier ist offenbar noch eine weitere Purzelbaum-Variante verbreitet: der *Kuck(e)lebutz*.[87] *Quiselchen* sind frömmelnde Frauen.

ever: Morge Mötz, sie purzele alle drei vom
Boom eronder. Do lööf dat Drückche fut,
wat giß de, wat häß de. Do gеve sich die
Äapcher och an et Loofe; wann it schreit, dann
schreie die Äapcher, on wann it ob de Naas
fällt, dann loße die Äapcher sich och ob die
Naas falle.

Endlich komme se an en düster Loch, dat
wor esu schwaz wie ene Tintekocher, on do
sooß ene mächtige Bär dren, dä streckd en
lang ruhd Zong erus, on bromb wie ene
Schollmagister. Met en er Klau pack hä die
drei Äapcher, on met der andere wollt hä
evens dat Drückche mem Wöllsche krigge —
do küt dä Assor geloofe; dä hatt' esu lang
dorch dä Bösch geschnüffelt, bes hä dat Drückche
funge hat. Dat gohv ene Kraball! Dä Bär
leet die Aape los, on sprong ob dä Assor; dä
Assor beß ihn en de Schnüß, dat hä hingen
erüver dreimol dä Kuckeleboom schloog. Am
End hatten die zwei sich esu faß gebesse, dat
se net mih von enander los konnte. Se wen-
zelte sich zesammen em Graas: flock gohve sich

Bönnsch im Jahre 1849:
Auch damals wurde „dä Kuckeleboom" geschlagen (vierte Zeile von unten).
Seite 9 der Erstausgabe von „Dä Hond on dat Eechhohn. Ä Verzellche für Blah-
ge" („Der Hund und das Eichhörnchen. Eine Erzählung für Kinder")
der Bonnerin Johanna Kinkel.

11. *Frosch*

„Ach, du bist's, alter Wasserpatscher."[88]

Ob als Meteorologen, als verwunschene Adelige oder als magische Wegge-
fährten – Frösche und Kröten sind seit jeher tief im deutschen Volksglauben
verwurzelt. Zahlreiche Redensarten und Volksweisheiten aus dem Rheinland
haben die Amphibien zum Gegenstand: So wurden zum Beispiel, um Hexen
und Krankheiten vom Stall fernzuhalten, Kröten in kleinen Säckchen aufge-
hängt.[89] Ebenso sollte man vermeiden, donnerstags Roggen zu säen, „sonst
hackts der Frosch ab"[90].

Interessanterweise machen die Plattsprecher oft kaum einen Unterschied,
wenn es um die Abgrenzung des Frosches von der Kröte geht – auch wenn
der Dialekt dafür durchaus zwei Bezeichnungen hat[91]: *Kraat* und *Frosch*. Vergleicht man einmal die Nennungen der Bonner für beide Tiere, ergibt sich
folgende Tabelle:

	‚Frosch'	‚Kröte'
Frosch, Frösch, Freusch	49%	3%
Kraat, Kröt	25%	87%
Höpp(e)kraat	26%	6%

49 Prozent der Befragten benutzen für den ‚Frosch' die Bezeichnung aus der
Standardsprache (dazu zählen auch die Varianten *Frösch* und *Freusch*). Daneben kann der ‚Frosch' auch *Kraat* bzw. *Kröt* genannt werden, Bezeichnungen,
die „eigentlich" ja die ‚Kröte' meinen. Es gibt außerdem eine dritte, ebenfalls recht häufige Benennungsvariante: *Höpp(e)kraat* (‚Hüpfkröte' – womöglich, weil die kleineren Laubfrösche flinker sind als die schwereren Kröten).
Höpp(e)kraat ist, wirft man einen Blick auf die *Frosch*-Karte, vor allem im
Westen der Stadt, also etwa in Endenich, Lessenich oder Lengsdorf, besonders
stark vertreten (grün).

Auch im benachbarten Alfter und Bornheim kann diese Bezeichnung punkten, so dass hier ein *Höpp(e)kraat*-Areal zu Grunde gelegt werden darf. Mit
diesem sind auch benachbarte Bonner Stadtgebiete verbunden, zum Beispiel
Poppelsdorf, Kessenich, das Zentrum und Tannenbusch. In Beuel ist der Einfluss schon geringer, und in Bad Godesberg ist *Höpp(e)kraat* vergleichsweise sehr selten zu hören. In diesen letzten zwei Stadtbezirken – und auch im
Zentrum – nennt mehr als die Hälfte der Plattsprecher den Frosch bei sei-

nem auch im Standarddeutschen üblichen Namen (dunkelblau). Vom Standard leicht abweichendes *Frösch* wird insgesamt nur zwei Mal genannt. Die eher ländliche diphthongierte Variante *Freusch* (hellblau), deren Lautung an *Wauch* oder *Weich* ‚Woche‘ erinnert (s. S. 45), wird am häufigsten aus Bad

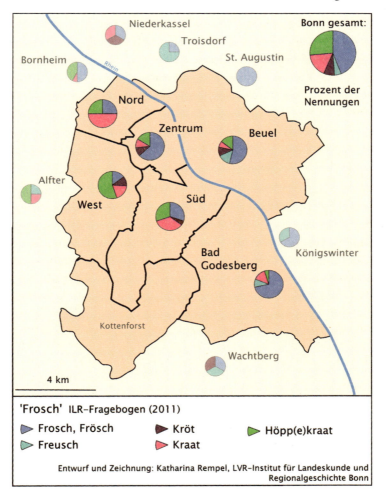

'Frosch' ILR-Fragebogen (2011)

▶ Frosch, Frösch   ▶ Kröt   ▶ Höpp(e)kraat
▶ Freusch   ▶ Kraat

Entwurf und Zeichnung: Katharina Rempel, LVR-Institut für Landeskunde und Regionalgeschichte Bonn

Godesberg und Lannesdorf sowie von der anderen Rheinseite, aus Holzlar und Niederholtorf, gemeldet. Auch in den Kommunen südlich und nordöstlich von Bonn (Wachtberg, Königswinter, Troisdorf) sowie in Alfter taucht diese Variante auf, was ihren eher ländlichen Charakter unterstreicht. Das Bönnsche Universalwort *Kraat* (hellrot) ist im Sinne von ‚Frosch‘ in der ganzen Stadt zu hören, wobei die rechtsrheinischen Stadtteile sie in dieser Bedeutung am seltensten gebrauchen (sieben Prozent der Nennungen). Südlich des Zentrums hingegen, also zum Beispiel in Dottendorf, nennen die Plattsprecher das kleine, grüne Tier öfter *Kraat*, *Kröt* (35 Prozent) bzw. *Höpp(e)kraat* (30 Prozent) als *Frosch*!

Unter dem Begriff *Kraat/Kröt* werden beide Tiere offensichtlich gerne subsumiert: 22 von den 119 Bönnsch-Sprechern, die für beide Tiere die Fragen des Fragebogens beantworteten, bezeichnen sowohl den Frosch als auch die Kröte als *Kraat/Kröt*. Beide Tiere *Frosch*[92] zu nennen, entschieden sich hingegen nur vier Personen. Drei sagen zu beiden Tieren *Höppekraat*. Vergleicht man die aktuellen Ergebnisse mit dem Fragebogen des „Rheinischen Wörterbuchs" von 1930, hat sich verblüffend wenig verändert – zumindest, was die Verbreitungsareale der Varianten betrifft.

Kraat hörte man auch damals sehr häufig als Bezeichnung des Frosches (47 Prozent der Nennungen; *Kröt* hatte fünf Prozent). Die standardnahe Bezeichnung *Frosch* allerdings war damals noch recht selten (zehn Prozent), viel häufiger hingegen tauchte *Freusch* auf den Fragebögen auf (21 Prozent). 1930 nannten diese Variante Sprecher aus den Godesberger Stadtteilen Rüngsdorf, Lannesdorf und Muffendorf (und einer aus dem benachbarten Wachtberg) sowie eine Person aus dem rechtsrheinischen Vilich. 1930 waren es also vier von 19 Bonner Fragebogenbearbeitern, die *Freusch* gebrauchten, während es 2011 nur sechs von 135 waren. Deutlich geringer war der damalige Anteil von *Höpp(e)kraat*: Es wurde jeweils ein Mal in Duisdorf und in Dransdorf genannt (zehn Prozent der Nennungen). In den Ortschaften, die heute zu Bornheim gehören, machte diese Variante damals 20 Prozent aus. Interessanterweise sind die Verbreitungsregionen der besonderen Synonyme innerhalb der Stadt seit damals so gut wie konstant geblieben: *Höpp(e)kraat* war die westliche Variante, während *Freusch* sich in einem Band vom Südwesten der heutigen Stadt (Bad Godesberg) bis in den Nordosten (Beuel) zog – jeweils parallel zu den Nachbargemeinden. Die befragte Person aus dem Zentrum schrieb damals nichts zu dem Begriff ‚Frosch', was heißen könnte, dass er oder sie damals schon kein dialektales Synonym (mehr) kannte.[93] Hier wirft die zunehmende Verbreitung des standarddeutschen *Frosch* wohl ihre Schatten voraus.

12. *Kraat*

Nemm disch füüe – dat is en aal Kraat!

Wenn man in Bonn diese Warnung hört, sollte man nicht nach grünen vierbeinigen Gesellen Ausschau halten, die womöglich schon in die Jahre gekommen sind. Mit diesem Rat, den eine befragte Bonnerin schon oft gehört hat, macht man jemanden auf eine unliebsame weibliche Person aufmerksam: „Diese Frauen (*die Kraade*[94], Anm. K. R.) verbreiten verleumderischen Klatsch und Tratsch, spionieren neugierig in anderer Leute Angelegenheiten,

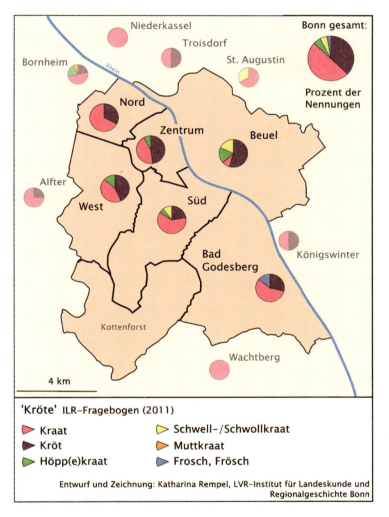

sind manchmal auch habgierig, geizig, streitsüchtig." Etwas weniger harsch nennen zwei Bönnsch-Sprecherinnen so auch kleine, „krabitzige" Mädchen, die „nicht so richtig tun, was man will". Das „Rheinische Wörterbuch" kennt aus Bonn auch die *Suffkraat*[95] – eine Person, die des Öfteren zu tief ins Glas schaut.

Wenn man *Kraat* und *Kröt* als lautliche Varianten desselben Wortes auffasst, zeigen die Bonner im Vergleich zur *Frosch*-Karte bei der *Kröte* mehr Übereinstimmung. Die etwas dickere Verwandte des Frosches heißt in Bonn 2011 *Kraat* (49 Prozent; hellrot) oder *Kröt* (38 Prozent; dunkelrot). Nur sechs Prozent der Bonner nennen für die ‚Kröte' auch die Bezeichnung *Höpp(e)kraat* (grün) – und zwar vor allem dort, wo diese Benennung auch für den ‚Frosch' weit verbreitet ist, also in westlichen Stadtteilen wie Dransdorf oder Duisdorf. Während der Frosch vergleichsweise häufig als *Kraat* mit der Kröte gleichgesetzt wird, passiert das in umgekehrter Weise relativ selten. Nur vier Bonner (drei Prozent) – genauer gesagt zwei Lannesdorfer, ein Plittersdorfer und ein Godesberger – nannten die Kröte *Frosch* (blau). Vereinzelt tauchte auch die Variante *Schwoll*- oder *Schwellkraat* (gelb) auf, insbesondere in den rechtsrheinischen Ortsteilen Holzlar und Niederholtorf sowie im Süden der Kernstadt, etwa in Dottendorf. Insgesamt kommt diese Variante aber lediglich auf vier Prozent der Nennungen (sechs von 136 Befragten). In Bornheim nennen zwei Befragte die Bezeichnung *Muttkraat* (orange) – diese Variante spielt in der Stadt Bonn aber keine Rolle.

Schwoll- oder *Schwellkraat* war 1930 noch deutlich öfter in Bonn zu hören, wenn man von den Fragebögen des „Rheinischen Wörterbuchs" ausgeht: fünf von 19 (26 Prozent) befragten Bonnern nannten diese Bezeichnung der Kröte – in den verschiedensten Stadtteilen: in Lengsdorf und Friesdorf sowie in den rechtsrheinischen Orten Pützchen, Küdinghoven und Niederholtorf. In letzterem hat die *Schwollkraat*-Tradition ja auch heute noch Bestand. Ein Befragter aus Poppelsdorf (sowie einer aus Bornheim) nannte damals außerdem *Schwellmöbbel* – ein Synonym, das im heutigen Bönnsch kein einziges Mal (mehr) auftaucht.

Davon abgesehen hat sich bei der ‚Kröte' im Bönnschen wenig verändert: Bereits 1930 sagte die Hälfte der Befragten *Kraat*, weitere 17 Prozent nannten *Kröt*. Die standardnähere Variante, *Kröt*, hat inzwischen auch hier – ähnlich wie *Frosch* ‚Frosch'– deutlich an Verwendungshäufigkeit gewonnen.

In einem alten Karnevalslied wird den *Kraade* ein Denkmal gesetzt, wie sich eine Bonnerin erinnert. Dabei handelt es sich um das Lied „Och Verwandte, dat sin Minsche" von dem Kölner Ludwig Sebus aus dem Jahr 1976. Darin zieht er folgendermaßen über seine Verwandten, die zu einer Familienfeier kommen, her: *Un wat se braate met, woor Doorsch und Appetit / Noch nit ens e Blöömsche han se metjebraat / Nä, nä – Kraade sin dat!* (Schreibung der Bonnerin)

B. Regiolekt – Bonns regionale Umgangssprache

Einleitung

Regiolekt – Was ist das eigentlich?

Na, wie isset? – Das war doch nit nödisch! – Jeh ma auf'n Speische, da sin die Anziehsachen. – Isch mach et gleich. – Lauf doch niddeso schnell! – Dat hässe schön jemacht! – Warum dat dann? – Is dat e Wetter! – Et Mechthild hat angerufen. – Das Kleid sitzt was spack. – Darf ich das Bild auch ma kucken? – Ich mach jetz ma nen Köpper.

All diese Sätze sind weder „richtiger" Dialekt noch reines Hochdeutsch, sie sind in Bonn nichts Ungewöhnliches. Sie alle sind Vertreter des Regiolekts. Im Kapitel B des Buches soll der Regiolekt Bonns und seiner Umgebung mit seiner Wortvielfalt im Mittelpunkt stehen. Doch was darf man unter diesem ominösen Begriff eigentlich verstehen?

Der Regiolekt hat viele Bezeichnungen. Man kann ihn „regionale Umgangssprache", „landschaftliches Deutsch" oder – vor allem in der Forschung – „Neuen Substandard" nennen. Gemeint ist damit stets die Sprachlage zwischen den zwei Extremen „Platt" und „Hochdeutsch". All das, was man nicht (mehr) als Dialekt, aber auch (noch) nicht als Hochdeutsch einstufen kann, ließe sich Regiolekt nennen. Dieses „astreine Hochdeutsch", von dem mitunter die Rede ist, erreicht übrigens kaum ein Bundesbürger, ganz gleich aus welcher Gegend er stammt. Selbst geschulte Nachrichtensprecher weisen – zwar zu einem minimalen, aber doch messbaren Teil – Regionalismen in ihrer Sprache auf.[96] Das bedeutet, dass (fast) jedes Individuum Regiolekt sprechen dürfte. Unterschiede lägen dann lediglich in der Ausprägung.

Dat jlaub isch nit. – Dat glaub isch nisch. – Das glaub ich nich.

In einem informellen Gespräch wären diese drei Varianten desselben Satzes in Bonn ohne Weiteres legitim und denkbar. Wenn man genauer hinsieht (und hinhört), wird man feststellen, dass die dialektalen Elemente von links nach rechts abnehmen und die Sprachlage sich so immer mehr dem Standard annähert.

Dieser „Mittelbereich" zwischen Dialekt und Hochdeutsch weist ein sehr breites Spektrum auf: 2003 ist es der Sprachforscherin Alexandra Lenz[97]

gelungen, einzelne Abstufungen für die regionale Umgangssprache von Witt-
lich in der Eifel zu benennen. Für den ripuarischen (s. dazu S. 16) Regiolekt konnte Robert Möller ein „Kontinuum" feststellen, das allmählich und
ohne starke Brüche in den Standard übergeht.[98] Beide sind sich einig, dass es
Dialekt-Elemente gibt, die den Sprechern bewusster sind als andere. Diese
können unter Umständen auch besser unterdrückt werden.

Es wird sich wohl fast jeder Rheinländer, der glaubt, „gutes Hochdeutsch" zu
sprechen, dabei ertappen, wie er *fuschen* statt *pfuschen* oder *Ferde* statt *Pferde*
sagt. Diese phonetischen Feinheiten sind wesentlich schwieriger zu kontrol-
lieren als etwa die Benutzung von Wörtern wie *zoppen* oder *schnösen*: In einer
offiziellen Situation, zum Beispiel vor Gericht, statt *zoppen* und *schnösen* eher
eintunken und *naschen* zu sagen, fällt leichter, als *P-feffer* und *P-fifferling* wie
ein Nachrichtensprecher zu artikulieren.

Bezeichnungsprobleme

Wie die Sprachebene zwischen Dialekt und Hochdeutsch zu identifizieren ist,
steht noch auf keinem Lehrplan. Aus diesem Grund kennen die meisten Menschen auch keine Bezeichnung dafür. So behalfen sich zum Beispiel Passan-
ten in Aachen, denen Tonaufnahmen zu eben dieser Sprachebene vorgespielt
wurden, mit Bezeichnungen wie „Slang", „Kauderwelsch", „Mischmasch",
„was Halbes", „kein direktes/reines Hochdeutsch", „mittleres Hochdeutsch"'
oder „Hochdeutsch mit Knubbeln"; auch der Begriff „Umgangssprache"
fiel.[99] Diese Bezeichnungsproblematik wirkt sich natürlich auch auf wissen-
schaftliche Erhebungen aus, die diese Sprachlage untersuchen möchten. Was
Dialekt ist, ist für die meisten Menschen im Rheinland eindeutig definierbar.
Doch die breite Sphäre zwischen Dialekt und Hochdeutsch ist nicht leicht zu
(er)fassen.

Oft tendieren Menschen dazu, diese Sprachebene als „Umgangssprache" zu
bezeichnen. Der Begriff ist allerdings alles andere als eindeutig und hat mindestens vier verschiedene Bedeutungen, je nach dem, in welchem Zusammenhang er gebraucht wird.[100] Als „regionale Umgangssprache" kann dieser schil-
lernde Begriff allerdings präzisiert werden.

Forschung

Im Gegensatz zur Dialektforschung ist die Regiolektforschung noch relativ
jung. Sie hatte zu Beginn ihren Fokus vor allem auf die sprachliche Ebene des

Lexikons, also des Wortinventars, gerichtet. Das erste deutschlandweite (402 Städte), systematisch angelegte Projekt zur „Umgangssprache" war der „Wortatlas der deutschen Umgangssprachen" (WDU) von Jürgen Eichhoff, 1977-2000 in vier Bänden mit 266 Karten veröffentlicht. Sein Ziel war es, „ein Bild des Wortgebrauchs zu gewinnen, wie er in den untersuchten Städten üblich ist. Mit ‚üblich' ist der vorherrschende Wortgebrauch in der ungezwungenen Unterhaltung im Kreise der Familie, unter Freunden, Bekannten und Arbeitskollegen, also in der Sprache des täglichen Umgangs gemeint."[101] Damit war allerdings nicht eindeutig festgelegt, welche Sprachlage die Befragten wählen würden: Dialekt oder Regiolekt (oder gar Hochdeutsch?). Gefragt hatte Eichhoff unter anderem nach der Bezeichnung von Dingen wie ‚Traktor', ‚Straßenbahn', ‚Weihnachtsbaum' oder ‚Murmel'. Mit dem WDU bekam „die Landkarte der deutschen Regionalsprachen, die zuvor [...] im Wesentlichen aus weißen Flecken bestand"[102], also langsam Farbe.

Als Nachfolge-Projekt darf der „Atlas zur deutschen Alltagssprache" (AdA)[103] betrachtet werden, das seit 2003 von Stephan Elspaß und Robert Möller betreut wird. Ihnen dienen die Karten des WDU als eine wichtige Grundlage, um auf Basis von neuen Befragungen Tendenzen und Entwicklungen der „Alltagssprache" in den letzten 40 Jahren darstellen zu können. Auch hier wird konzeptionell nicht zwischen Dialekt und Regiolekt (beides kann „Alltagssprache" sein) unterschieden.

Der Regiolekt – verstanden als Sprachraum zwischen dem Dialekt (Platt) und dem Hochdeutschen, wie es dem einzelnen Sprecher zur Verfügung steht – war ab dem Jahr 2000 mehrfach Gegenstand von Fragebogenerhebungen des LVR-Instituts für Landeskunde und Regionalgeschichte. Sprecher aus dem gesamten Rheinland wurden dazu aufgerufen, sich Fragen nach ihrer regionalen Umgangssprache (= „Regiolekt") zu stellen. Die daraus resultierenden Ergebnisse[104] werden ebenso wie jene der beiden großen Wortatlanten in den folgenden Kapiteln noch genauer beleuchtet und mit den aktuellen Befunden aus Bonn verglichen.

Bonner Regiolekt-Umfrage 2011

Im Dezember 2011 wurde – als zweiter Schritt der Befragungen zur Sprache Bonns – Material zum Regiolekt erhoben. Sowohl im Internet als auch über einen Papierfragebogen konnten die Bonner nun ihre Kompetenz in der regionalen Umgangssprache unter Beweis stellen. Im Kopf des Fragebogens war zu lesen: „In diesem Fragebogen geht es um die regionale Sprechsprache, die zwischen Dialekt und ‚reinem' Hochdeutsch angesiedelt ist (Regiolekt).

Damit setzen wir die mit dem Platt-Fragebogen begonnene Befragung in Bonn fort. Typische Sätze dieser Sprachform sind: *Dat haste schön gesacht! – Du kriss et noch kaputt!* Gefragt wird also nicht nach dem Bonner Platt, sondern nach dem lockeren Alltagsdeutsch." Damit sollte sich jeder Befragte auf genau diese Sprachlage einstellen. Leider hat man auf einem solchen Fragebogen nur einen sehr begrenzten Platz, um genau zu erklären, was mit „Regiolekt" gemeint ist – und oft reicht dies nicht aus, um den Befragten eine genaue Vorstellung davon zu vermitteln. Aus diesem Grund ist es nicht ungewöhnlich, dass Gewährspersonen, die nach dem Regiolekt gefragt werden, mit dem Dialekt antworten. Gut die Hälfte aller eingegangenen Fragebögen musste in diesem Erhebungsschritt dem Bonner Dialekt zugeordnet werden. Nichtsdestotrotz können aber auch diese Fragebögen bei der Auswertung nützlich sein, und zwar dann, wenn es darum geht, bestimmte Bezeichnungen im Regiolekt und Dialekt zu vergleichen. Der Fragebogen bestand zu einer Hälfte aus Abbildungen von Gegenständen, die der Befragte benennen sollte – darunter zum Beispiel Murmeln, eine Regenrinne und ein Weihnachtsbaum. Die zweite Hälfte setzte sich aus Wortumschreibungen zusammen, wie zum Beispiel: „Wie nennen Sie ‚beim Kartenspiel betrügen'?"

Die ausgefüllten Fragebögen, die dem Regiolekt zugeordnet werden können, belaufen sich auf 70 Stück. Der Altersdurchschnitt der Befragten liegt bei 48 Jahren. Die jüngste Person war 21, die älteste 83 Jahre alt. Jetzt soll es vor allem um den Vergleich zwischen den Generationen gehen – also den möglichen Unterschieden zwischen dem Regiolekt der jungen und dem der älteren Bonner. Georg Cornelissen bringt seine Beobachtungen zu diesem Thema auf den Punkt: „Was heute ein Regiolekt ist, ist eine Frage der Generation."[105] Ob und inwiefern diese Hypothese auch auf Bonn zutrifft, soll in diesem Teil der Erhebung herausgefunden werden. Aus diesem Grund werden zwei Altersgruppen zueinander in Kontrast gesetzt. Zunächst wurden die 70 Fragebögen in drei Gruppen eingeteilt: „ältere Sprecher", „mittleres Alter" und „junge Erwachsene". Vornehmlich sollen nun „junge Erwachsene" und „ältere Sprecher" miteinander verglichen werden. Diese zwei Gruppen setzen sich aus je 26 Gewährspersonen zusammen, einmal sind es die Jahrgänge 1928 bis 1956 (Altersdurchschnitt 66 Jahre), dann die 1977 bis 1990 Geborenen (Altersdurchschnitt 28 Jahre).

In manchen Fällen wird es auch interessant sein, die Auskünfte für den Dialekt heranzuziehen. Als Materialgrundlage dienen neben den „fälschlicherweise" im Dialekt ausgefüllten Regiolekt-Fragebögen natürlich auch die Daten aus dem vorangehenden Dialekt-Teil des Bonn-Projektes (s. Kapitel A).

1. (Dach-)Kalle

Kall oder *Kalle?* – Der Regiolekt der älteren Generation

Ob aus Holz, Stein, Kupfer oder Metall – die Regenrinne gab es schon in den verschiedensten Ausführungen. Auch sprachlich trifft diese Feststellung zu. Im Bonner Regiolekt lassen sich immerhin drei verschiedene Bezeichnungen ausmachen, allerdings ist der Umfang, in dem die einzelnen Varianten gebraucht werden, vom Alter der Sprecher und Sprecherinnen abhängig.

Die Gruppe der älteren Bonner benutzt in ihrer regionalen Umgangssprache am häufigsten – nämlich in mehr als 60 Prozent der Fälle – die Variante *Kall(e)* bzw. *Dachkall(e)*, eine Variante, die dem Bonner Dialekt zuzuordnen ist. Wobei das Verhältnis der Nennungen mit *e* am Ende zu denen ohne *e* etwa gleich ist. Das „eigentliche" Plattwort lautet *Kall* bzw. *Dachkall*, wird im Regiolekt aber offensichtlich häufig durch ein *e* ergänzt. Diese Konstruktion lehnt sich an ein der Dialektsprecherin und dem Dialektsprecher bekanntes Phänomen an: Im Platt gibt es eine große Anzahl von Wörtern, bei denen im Vergleich zum hochdeutschen Pendant die unbetonte zweite Silbe – das *e* am Wortende – „wegfällt": *Fläsch* – *Flasche*, *Strooß* – *Straße*, *Piif* – *Pfeife*. Analog zu dieser Erscheinung wird das Dialektwort *Kall* nun also ‚verhochdeutscht' zu *Kalle*. Hiermit signalisieren die Sprecher offenkundig, dass sie kein Platt sprechen, sondern sich nun auf der Skala in Richtung „Hochdeutsch" bewegen. Ein Viertel der älteren Regiolektsprecher verwendet auch das standarddeutsche Wort *Dachrinne*. Nur die *Regenrinne* erfreut sich deutlich geringerer Beliebtheit in dieser Altersgruppe (neun Prozent der Nennungen).

Die jungen Bonner: *Regenrinne* auf dem Vormarsch

Bei den jungen Bonnern ist es im Regiolekt genau umgekehrt: Bei ihnen schneidet die standarddeutsche Bezeichnung *Regenrinne* mit 54 Prozent der Nennungen als beliebteste Variante ab. Das aus dem Dialekt stammende Wort *(Dach-)Kall(e)* hingegen nennt erwartungsgemäß nur noch jeder fünfte (20 Prozent) – und zwar in vier von fünf Fällen in der „verhochdeutschten" Version mit einem *e* am Wortende. Die *Dachrinne* liegt, wie auch bei der älteren Generation, bei 27 Prozent auf Platz 2 der Beliebtheitsskala. Die *Regenrinne* hat also die *Kall(e)* als Topvariante abgelöst – zumindest, was die Umgangssprache der jungen Bonner betrifft. Interessant erscheint die besondere Beliebtheit von *Regenrinne* im Gegensatz zur *Dachrinne*. Beide Wörter sind in der aktuellen Auflage des „Rechtschreib-Dudens"[106] ohne besonderen Vermerk zu finden, gehören also – im Gegensatz zu *Kall(e)* – ohne regionale Einschränkung der deutschen Standardsprache an. Für die ältere Generation in Bonn spielt die *Regenrinne* in ihrem Regiolekt keine nennenswerte Rolle. Diese Variante scheint also erst in der zweiten Hälfte des 20. Jahrhunderts Eingang in die (regionale) Umgangssprache gefunden zu haben. Diese Vermutung bestätigt sich, wenn man eine ältere Auflage des „Rechtschreib-Dudens" aufschlägt: 1986 (19. Auflage) war *Dachrinne*[107] als Stichwort vertreten, doch von der *Regenrinne* fehlte (noch) jede Spur – nach *regenreich* folgte sogleich der *Regens*[108]. Erst in der nächsten Auflage von 1991[109] hat die „Duden"-Redaktion sich dazu entschieden, auch die *Regenrinne* aufzunehmen. Ob dies etwas mit der Tatsache zu tun hatte, dass diese Ausgabe der sogenannte „Einheits-Duden" war, in dem die Mannheimer und die Leipziger „Duden"-Redaktionen zum ersten Mal gemeinsam ein Nachschlagewerk herausbrachten, sei dahingestellt. Eins ist jedenfalls sicher: Die *Regenrinne* ist heute auf dem Vormarsch.

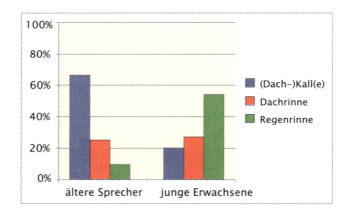

Google lässt grüßen

Gibt man beide Begriffe in die beliebte Internet-Suchmaschine „Google" ein, bestätigt sich der Eindruck von der Dominanz der *Regenrinne*: Zu diesem Suchbegriff finden sich mehr als zwei Millionen Einträge[110]. Im Gegensatz dazu kann die *Dachrinne* „nur" mit knapp einer Million aufwarten. Letzterer scheint allerdings der Fachbegriff der Dachdecker zu sein. Viele Dachdeckerbetriebe haben eine Aufstellung ihrer Leistungen auf ihrer Internetpräsenz. Besucht man einmal 20 solcher Internetseiten – verteilt auf das gesamte Bundesgebiet –, wird man feststellen, dass dort ausnahmslos die Bezeichnung *Dachrinne* benutzt wird, etwa in Angeboten wie „Einbau und Austausch von Dachrinnen"[111]. Kein einziger Dachdecker verwendet dabei das Synonym *Regenrinne*.

2005 hat das LVR-Institut für Landeskunde und Regionalgeschichte eine Fragebogenerhebung (ILR-Fragebogen 8) zum Regiolekt im gesamten Rheinland durchgeführt. Gefragt wurden die Gewährspersonen nach der „regionalen Sprechsprache" und gebeten anzugeben, welche der vorgegebenen Bezeichnungsvarianten man bei ihnen im Ort höre. Eine der Fragen bezog sich auf die ‚Dachrinne'. Ankreuzen konnte der Befragte folgende Varianten: *Kalle, Dachrinne, Regenrinne, Kandel* und/oder *Kännel*. Außerdem bestand die Möglichkeit, selbst Varianten einzutragen.

89 der damals ausgefüllten Fragebögen stammen aus Bonn. Die Bearbeiter lassen sich problemlos in dieselben drei Altersgruppen einteilen wie die Fragebögen der aktuellen Erhebung (2011). Vergleicht man nun wieder die Gruppe „ältere Sprecher" mit der Gruppe „junge Erwachsene", decken sich die Ergebnisse weitgehend mit jenen aus dem Jahr 2011: Die Generation der älteren Bonner Regiolektsprecherinnen und -sprecher bevorzugte in etwa zwei Dritteln der Fälle die Variante *Kall(e)*. Rund ein Drittel der Nennungen entfiel auf *Dachrinne* – während *Regenrinne* von der älteren Generation nur sehr selten genannt wurde (zwölf Prozent). Genau spiegelverkehrt verhielt es sich – wie auch 2011 – beim Regiolekt der jungen Leute in Bonn. Am häufigsten verwendeten sie die Bezeichnung *Regenrinne* (54 Prozent), am seltensten die *Kall(e)* (acht Prozent). *Dachrinne* lag mit 38 Prozent der Nennungen zwar im Mittelfeld, aber mit höherem Wert als sechs Jahre später. Möglicherweise spielt hier auch die abweichende Fragestellung eine Rolle: 2005 wurde nicht mit Bildern (wie 2011), sondern mit einem vorgegebenen Begriff gearbeitet – es war ‚Dachrinne'. Das könnte die Befragten beeinflusst haben, öfter diese Bezeichnung zu wählen. Eine andere mögliche Erklärung wäre aber auch, dass *Dachrinne* in den sechs Jahren weiter an Beliebtheit eingebüßt haben könnte – zu Gunsten von *Regenrinne*.

Dieselbe Tendenz gilt übrigens für das gesamte Rheinland, wie die Karten von Georg Cornelissen zeigen, die auf Grundlage der Befragung von 2005 angefertigt wurden. Bei den Jugendlichen (16-24 Jahre) stellt das Synonym *Regenrinne* in 29 von 42 ausgewählten Kommunen des Rheinlands (70 Prozent) die häufigste Bezeichnung dar[112]: „Die Karte für die Jugendlichen zeigt eine neue Situation. […] auch das im Dialekt großräumig benutzte *Kalle* verschwindet. […] Die Entdialektalisierung des Regiolekts schreitet mit *Regenrinne*, dem aus rheinischer Sicht dialektfernsten Lexem im Angebot, in Riesenschritten voran."[113]

2. *Speicher*

Was bisher geschah…

Wie die Deutschen in ihrer Umgangssprache den (unbewohnten) Raum unter dem Dach nennen, war bereits einige Male Gegenstand von Befragungen. Auch Jürgen Eichhoff fragte zu Beginn der 1970er Jahre danach und dokumentierte die Ergebnisse in seinem „Wortatlas der deutschen Umgangssprachen". Die Karte 24 belegt[114], dass der größte Teil des deutschsprachigen Raums – nämlich der Norden und der Osten – *Boden* als Bezeichnung hatte. Der Südwesten Deutschlands gebrauchte die Variante *Bühne*, *Dachboden* dominierte vor allem in Österreich und kam als Einzelmeldung gelegentlich auch im *Boden*-Gebiet vor. In Nieder- und Oberbayern und im Rheinland (somit auch in Bonn) nannten die Gewährspersonen die Bezeichnung *Speicher*.

Rund 30 Jahre später konnte im „Atlas zur deutschen Alltagssprache" (AdA) eine zunehmende Verbreitung von *Dachboden* festgestellt werden: „Sie hat sich vor allem in einem großen, zusammenhängenden Gebiet im Norden Deutschlands ausgebreitet, in dem man vorher einfach *Boden* sagte."[115] Im Südwesten der Bundesrepublik gilt immer noch *Bühne* und im Rheinland ist alltagssprachlich weiterhin *Speicher* zu hören: „Ausgenommen war und ist von der Entwicklung die westdeutsche Bezeichnung *Speicher*, die im gesamten Rheinland (einschließlich des Oberrheins) und auch aus Nieder- und Oberbayern gemeldet wird." Allerdings ist auf der AdA-Karte im Gebiet um Köln und nordöstlich von Köln ein starkes Eindringen der Variante *Dachboden* von Norden her auszumachen. Wie sieht es nun 2011 in der regionalen Umgangssprache der Stadt Bonn aus?

Bonn, heute

Die Beobachtung, dass *Speicher* immer noch dominant ist, lässt sich für Bonn bestätigen. Von den jungen Erwachsenen wird diese Bezeichnung häufig (58 Prozent) genannt. Im „Rechtschreib-Duden" wird *Speicher* (Online-Version) als „besonders westmitteldeutsch, süddeutsch"[116] angeführt. Hier handelt es sich also um eine regional begrenzte Bezeichnung, ihr Geltungsbereich umfasst allerdings, wie dargestellt, ein großes Gebiet des deutschsprachigen Raums. Nicht ganz so häufig greifen die jungen Regiolektsprecher in Bonn auf die Variante *Dachboden* zurück (42 Prozent). In der Onlineversion des „Rechtschreib-Dudens" wird sie nicht als „regional begrenzt" angeführt, sondern gilt (uneingeschränkt) als Wort der deutschen Standardsprache.[117] Die ältere, für Bonn typische dialektale Variante *Löf* hingegen benutzt in dieser Gruppe keiner mehr.

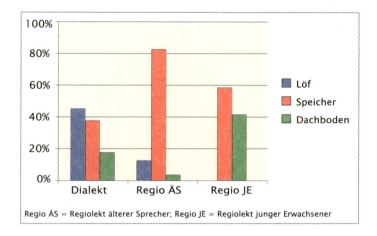

Regio ÄS = Regiolekt älterer Sprecher; Regio JE = Regiolekt junger Erwachsener

Die älteren Bonner Sprecherinnen und Sprecher greifen im Regiolekt dagegen fast immer zu den Synonymen, die es auch im Bönnschen gibt: Vier von fünf sprechen hier vom *Speicher* und der fünfte von der *Löf*. Der Anteil an *Speicher*-Nennungen ist also noch deutlich höher als bei den jungen Bonnern. Die regionale (dialektale) Prägung ist bei den älteren Regiolektsprechern sehr viel stärker, so dass sich für die überregionale Variante *Dachboden* gerade mal vier Prozent der Älteren entscheiden.

Zieht man zum Vergleich noch die Ergebnisse der „Gruppe Dialekt" heran (im Diagramm links), fällt auf, dass die für Bonn (und Umgebung) kennzeichnende Platt-Variante *Löf* (blau) noch deutlich präsent ist: Fast die Hälfte der Bönnsch-Sprecher benutzt sie. Etwa ebenso häufig ist auch *Speiche(r)* (oder *Spiche(r)*) zu hören (rot). Diese dialektale Variante ist, wie beschrieben, regional viel weiter verbreitet als *Löf*. Sie wird u. a. im Dialekt des gesamten rheinland-pfälzischen Teils des Rheinlandes verwendet und breitet ihren Geltungsbereich offensichtlich nach Norden hin aus.[118] Aus diesem Grund findet sie dann auch im Regiolekt viel öfter Verwendung als das rückläufige *Löf*. Je großräumiger der Dialektausdruck ist, um so besser stehen seine Chancen, in den Regiolekt übernommen zu werden[119] – diese Beobachtung von Jan Goossens kann im Bezug auf die Dachboden-Synonyme für Bonn eindeutig bestätigt werden.[120]

Das ganze Rheinland, 2005

Diese Entwicklung vollzieht sich nicht nur in Bonn, sondern auch anderswo in Nordrhein-Westfalen. Zu dieser Folgerung kommt man, wenn man die Ergebnisse der ILR-Befragung von 2005 einbezieht. Neben ,Regenrinne' stand auch ,Dachboden' damals auf dem Programm.

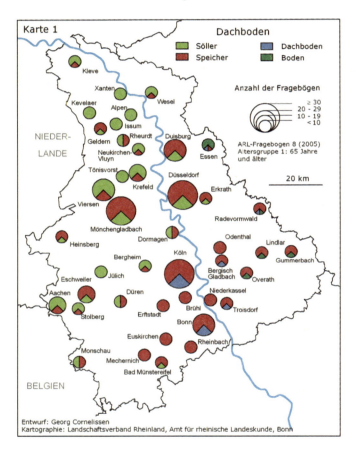

Die beiden Karten[121] zeigen zwei verschiedene Altersgruppen: links die älteste (65 Jahre und älter) und rechts die jüngste (16-24 Jahre). "Dargestellt [...] sind die beiden an einem Ort am häufigsten genannten Konkurrenzwörter. Das erstplazierte nimmt drei Viertel des Diagramms ein, das zweitplazierte das untere Viertel; wo zwei Lexeme sich einen Platz teilen müssen, wird Halbe-Halbe gemacht."[122] Im Regiolekt der älteren Rheinländer dominiert 2005 die Bezeichnung *Speicher* (rot), "im Norden und Westen hat das dialektbasierte *Söller* eine starke Position (hellgrün)."[123] *Dachboden* (blau) ist als zweithäufigste Variante vor allem um Köln und Bonn bei der älteren Generation genannt worden. Vergleicht man damit die Ergebnisse der jungen Regiolektsprecher, greift 2005 „im Großen" das voraus, was 2011 „im Kleinen" zu beobachten ist: *Dachboden* genießt bei den jungen Leuten im Rheinland große Beliebtheit und konkurriert mit dem (einstigen) Favoriten *Speicher*. In einigen Städten wie Krefeld, Düsseldorf und Köln hat *Dachboden* bereits

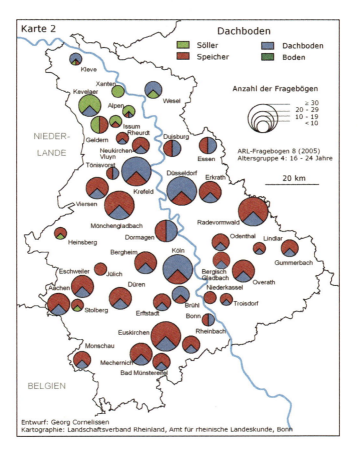

überhandgenommen – in Bonn steht es 2005 etwa 50:50; allerdings lagen 2005 weniger Fragebögen für diese Gruppe vor. Der große Verlierer bei den Jungen im Rheinland ist die Bezeichnung *Söller* im Westen und am Niederrhein – ihr Verbreitungsgebiet ist dramatisch zusammengeschrumpft.

3. *Plötsch/Blötsch*

Auf dem Fragebogen war ein Foto zu sehen, das einen Kotflügel am Auto nach einem Zusammenstoß zeigte: Wie würden die Bonner das Ergebnis nennen?

Die Beliebtheit der dialektalen Varianten *Plötsch* (grün) und *Blötsch* (orange) ist bei der älteren Generation (die mittlere Gruppe im Diagramm) noch recht hoch: Sie sind mit 42 und 26 Prozent der Nennungen die häufigsten Bezeichnungen für eine eingedellte Stelle. Interessant ist, dass die älteren Bonner im Regiolekt noch recht oft zur Variante mit *P* im Anlaut tendieren (s. S. 30). Doch die Älteren verwenden auch Varianten, die dem Standarddeutschen entsprechen: *Delle* (blau) und *Beule* (rot) stellen zusammen bereits 32 Prozent der Nennungen.

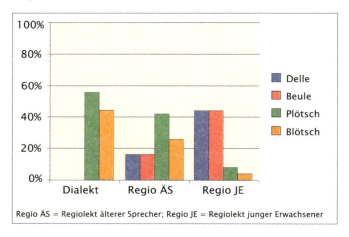

Regio ÄS = Regiolekt älterer Sprecher; Regio JE = Regiolekt junger Erwachsener

Die Tendenz zu *Delle* und *Beule* setzt sich exponentiell bei den jungen Erwachsenen in Bonn fort: Sie benutzen nur noch in ganz seltenen Fällen die dialektalen Varianten (acht und vier Prozent der Nennungen). 88 Prozent der Belege entfielen dagegen auf die Bezeichnungen *Delle* oder *Beule*. Im Dialekt der Stadt spielen diese Bezeichnungen – beide im „Duden" – keine Rolle. Im Bönnschen Platt gilt nach wie vor: Das Ding im Auto kann nur eine *Plötsch* oder *Blötsch* sein.

Präzise müsste man bei *Delle* eigentlich von einer Variante aus der sogenannten „erweiterten Standardsprache" sprechen – so jedenfalls gibt es das etymologische Wörterbuch von Kluge/Seebold an.[124] Dazu werden die „weniger gebräuchlichen Wörter [...], einschließlich der bildungssprachlichen, der obsoleten und der regional beschränkten"[125] Wörter, gezählt. Ebenso können, laut Kluge/Seebold, „regionale Wörter" auch zum Standard-Wortschatz gehören. Das gilt wohl für diejenigen Bezeichnungen, die sich von einer regional beschränkten hin zu einer allgemeindeutschen wandeln. Auch der „Duden" führt *Delle* mit dem Zusatz „landschaftlich".[126] *Beule* hingegen wird in beiden Wörterbüchern als standardsprachlich angesehen. Dabei ist eine *Delle* oft das genaue Gegenteil von einer *Beule*: Eine *Delle* ist eine „[leichte] Vertiefung"[127] „im Gelände, in Blech usw."[128], hat also eine nach innen eingedrückte Form – etwa die *Delle* im Kotflügel eines Autos. Eine *Beule* hingegen kann laut „Duden" sowohl nach innen als auch nach außen geformt sein: „1. durch Stoß, Schlag o. Ä. entstandene deutliche Anschwellung des Gewebes; 2. durch Stoß, Aufprall o. Ä. hervorgerufene Vorwölbung oder Vertiefung an einem Gegenstand"[129].

Eine Gewährsperson ordnete den Regiolekt folgendermaßen zwischen Platt und Hochdeutsch ein:
„Beispiel:
Platt: *Do ess noch jennoch von do!*
Hochdeutsch, wie es die alte Bevölkerung spricht: *Da iss noch jenuch von da!*
Hochdeutsch: *Davon ist noch genug da!* (bzw. noch besser:) *Davon gibt's noch genug!"*

4. *Beule*

Mit Hilfe einer Zeichnung wurde auch nach der Bezeichnung für die nach außen tretende Form (bei einer Beule am Kopf) gefragt (s. S. 75).

Hier klafften die Ergebnisse zwischen Jung und Alt noch weiter auseinander. Die Gruppe der älteren Regiolektsprecher ist sich nicht ganz einig, wie sie den Auswuchs am Kopf bezeichnen soll. Am häufigsten wurde die standarddeutsche Variante *Beule* gewählt – etwa jeder Zweite nannte diese Bezeichnung (46 Prozent der Nennungen). Mit 21 und 18 Prozent auch noch recht häufig sind bei der älteren Generation die Varianten *Horn* (bzw. *Hörnchen*) und *Bühl* zu hören. Bei der Gruppe der jungen Erwachsenen hat sich die allgemeindeutsche *Beule* weiter auf Kosten von *Bühl* und *Horn* durchsetzen können: In 95 Prozent der Fälle verwenden die jungen Regiolektsprecher *Beule* für die Schwellung am Kopf. *Delle* nennt, wie zu erwarten war, niemand, auch in Bonn bezeichnet dieses Wort nur die nach innen gewölbte Vertiefung.

Man kann folglich wortwörtlich zusehen, wie die Dialektvarianten mit sinkendem Alter der Sprecherinnen und Sprecher abnehmen und dafür die standardnahen gebraucht werden. *Horn* bleibt – lautlich dem Standarddeutschen angeglichen (also nicht mehr *Hoen*, wie im Dialekt) – als lexikalische Variante länger im Regiolekt erhalten als *Bühl*, dessen Lautform stark im Dialekt verwurzelt ist.

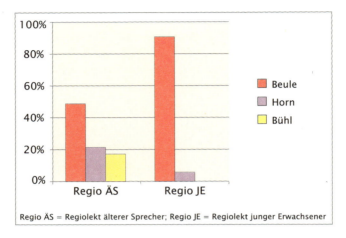

Regio ÄS = Regiolekt älterer Sprecher; Regio JE = Regiolekt junger Erwachsener

Der Vergleich mit der Gruppe der Bönnsch-Sprecherinnen und -Sprecher bestätigt die Vermutung, dass *Bühl* (,Beule') die Variante ist, die am stärksten das Prädikat „dialektal" verdient. Die Bonner nennen für ihr Platt in 80 Prozent der Fälle *Bühl* für die Schwellung am Kopf, deutlich seltener auch noch *Horn* (bzw. *Hoen*) oder *Dotz* (s. S. 33). *Plötsch/Blötsch* spielt in dieser Bedeutung nur eine sehr untergeordnete Rolle. Daraus lässt sich schließen, dass diese Varianten im Dialekt vor allem für die nach innen gewandte Form (,Delle') gelten.

5. *Klicker*

Ömmesse aus dem Verkehr gezogen

„Das Spielen mit Murmeln ist selten geworden, seitdem unsere Fußwege zumeist gepflastert und die Hinterhöfe zu Parkplätzen geworden sind. Früher bestanden die Kugeln aus Ton oder Lehm, heute überwiegend aus marmoriertem Glas."[130] Auch wenn sie nicht mehr zum Lieblingsspielzeug der Kinder gehören, sind sie auch jungen Bonnern noch bekannt: die Murmeln. Doch nicht nur ihr Äußeres hat sich verändert, auch die Bezeichnung hat sich gewandelt. Wie klingt in diesem Fall nun der Bonner Regiolekt?

Die heutige Großelterngeneration (die mittlere Gruppe im Diagramm S. 76) hat überwiegend noch mit *Klickern* (rot) gespielt: Die älteren Regiolektsprecher neigen in etwa zwei Dritteln der Fälle zu dieser Variante. Am zweithäufigsten (30 Prozent) wird von diesen Regiolektsprechern eine Variante verwendet, die dem Standarddeutschen entspricht: *Murmeln* (blau). Ganz selten nennt der eine oder andere auch noch die Bezeichnung *Kniggele* (sieben Prozent; grün) – also ein Wort, dessen Ursprung im Bonner Platt liegt.

Fragt man die Enkel dieser Bonner – also Menschen, die im Durchschnitt 28 Jahre alt sind –, wie sie in der regionalen Umgangssprache zu den kleinen Glaskugeln sagen, wählen neun von zehn die Standardvariante *Murmeln* – ein eindeutiges Urteil. Nur noch einer von zehn Jungen nennt die bei den Älteren noch stark verbreitete Bezeichnung *Klicker* – von *Kniggele* ganz zu schweigen.

Hier werden nun wiederum die Bonner Dialektsprecherinnen und -sprecher als Vergleichsgruppe herangezogen. Die Gewährspersonen dieser Gruppe „Dialekt" sind im Schnitt 69 Jahre alt und vom Alter mit der Gruppe „Regiolekt alt" zu vergleichen. Oft sprechen die älteren Regiolektsprecher ja durchaus auch noch das Bonner Platt. Von der Dialektgruppe nannten 48 Prozent

Fünf ältere Bonner, fünfmal Bonner Regiolekt.

Kniggele – dies ist somit die häufigste Variante im Bönnschen. Ein Viertel von ihnen (26 Prozent) nennt die Wurfkugeln auch *Klicker*. Vereinzelt kennen die Bönnsch-Sprecherinnen und -Sprecher außerdem noch die *Ömmesse* (elf Prozent; orange) – womit ursprünglich eigentlich nur die „große Murmel" bezeichnet wurde[131]. Dieses Synonym bleibt allerdings dem Dialekt vorbehalten, im Bonner Regiolekt wird es nicht verwendet. Es besteht hier also innerhalb derselben Generation eine eindeutige Variantenverlagerung zwischen dem Dialekt und dem Regiolekt.

Jede Generation und Sprachlage hat in Bonn ihre bevorzugte Bezeichnung für die Murmeln. Dabei hat sich nicht nur im Regiolekt die Präferenz der Varianten gewandelt.

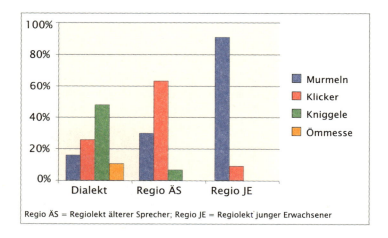

Regio ÄS = Regiolekt älterer Sprecher; Regio JE = Regiolekt junger Erwachsener

Vom *Klicker* zur *Murmel*

Wie sieht es in der regionalen Umgangsprache aus? Zwischen 1971 und 1976 hat Jürgen Eichhoff sich als einer der ersten der deutschen Umgangssprache als Untersuchungsgegenstand angenommen. Dabei erhielt er Fragebögen aus etwa 400 Städten, die größtenteils von „Beamten und Angestellten in der unteren und mittleren Verwaltungslaufbahn"[132] ausgefüllt waren, die der „jüngeren und mittleren Generation" angehörten. Gefragt hatte er nach der „täglichen Rede"[133] in ihrer Stadt. Auf diese Weise entstand der „Wortatlas der deutschen Umgangssprachen" (WDU) (s. S. 63).

Eichhoffs damaliges Ergebnis für Bonn (und Region) kann man mit der aktuellen Situation 2011 gleichsetzen: Die Generation, die er zu Beginn der 1970er Jahre als „jüngere und mittlere Generation" einstufte, gehört 2011 zu den „älteren Regiolektsprechern". Diese Gruppe gab vor vier Jahrzehnten und gibt auch heute *Klicker* als die regionalsprachliche Bezeichnung für die Murmel an. Die heutige Jugend hingegen nennt zu 90 Prozent nur noch die standardsprachliche Bezeichnung. *Murmel* ist in den letzten 40 Jahren also stark in die regionale Umgangssprache eingedrungen und hat *Klicker* als ehemalige Hauptvariante verdrängt – zumindest in der regionalen Sprache der jungen Bonner.

Wie unterschiedlich die Sprachbiographien sein können, zeigt die folgende Anmerkung einer Bonnerin. Sie zählt zu jenen, die den Regiolektfragebogen im Dialekt ausgefüllt haben und so eine Vergleichsgruppe zu den Regiolektsprecherinnen und -sprechern bilden: „Die erfragten Wörter sind eher die alten Dialektwörter, die ich noch aus meiner Kindheit kenne. Einen Regiolekt benutze ich nicht, sondern bin von Bönnsch ‚pur' zu Hochdeutsch ‚pur' übergegangen. Seither habe ich auch vieles vergessen und erinnere mich nur noch beim Blättern im ‚Wrede' an alte Wendungen."[134]

6. *Christkind*

Wer bringt zu Weihnachten die Geschenke?

Lange Zeit hindurch war der *Nikolaus*, der Schutzpatron der Kinder, der Gabenbringer im deutschsprachigen Raum. Am 6. Dezember wurde das Nikolausfest gefeiert, zu dem Eltern ihren Kindern über Nacht Süßigkeiten und Obst in die Stiefel legten.[135] Das *Christkind* galt zunächst nur für protestantische Gebiete als bescherende Figur, denn es symbolisierte den „Heiligen Christ".[136] Mit der Ausbreitung der Reformation verdrängte es die Figur des *Nikolaus* immer weiter. Seit Mitte des 19. Jahrhunderts konkurriert auch die *Weihnachtsmann*-Figur mit dem *Nikolaus* in Deutschland. Der *Weihnachtsmann* hat durchweg weltliche Attribute (und keine bischöflichen) und vereint verschiedene Motive: Kinderschreckfigur, Nikolaus-Gegenbild und Personifizierung des Winters. Ausgestattet mit typischen Attributen wie den dicken Pausbacken, dem roten Mantel mit Pelzbesatz und dem breiten Gürtel ist der heutige Weihnachtsmann (*Santa Claus*) als Re-Import aus den USA seit den 1930er Jahren in Deutschland bekannt.[137] Natürlich kann man die Bezeichnung nicht ohne den Gegenstand betrachten: Es handelt sich hier nicht um bloße Bezeichnungsvarianten, sondern um verschiedene Figuren.

Im Osten und Norden der (heutigen) Bundesrepublik war es zu Beginn der

Was 1935 Christbaum hieß...

1970er Jahre vor allem der *Weihnachtsmann*, der zu Weihnachten die Geschenke brachte – dies zeigt der „Wortatlas der deutschen Umgangssprachen"[138]. Im Westen Deutschlands hingegen – einschließlich des Rheinlands – war das *Christkind(chen)* der Gabenbringer, im Süden das *Christkindle*. Eine Nacherhebung durch den „Atlas zur deutschen Alltagssprache" (AdA) zeigt keine wesentliche Veränderung von 1970 zu heute. Gleichzeitig wird aber Folgendes konstatiert: „Eine Tendenz zur Verdrängung des *Christkinds* durch den *Weihnachtsmann* kann allenfalls für das rheinische, nicht aber für das gesamte deutsche Sprachgebiet bestätigt werden."[139] Folglich war für Bonn eine Tendenz der jungen Leute hin zum *Weihnachtsmann* zu erwarten, während die älteren Bonner wohl eher (noch) das *Christkind* kennen dürften.

In der Tat ist es so, dass die älteren Regiolektsprecher 2011 mit einer beinahe hundertprozentigen Übereinstimmung an Weihnachten auf das *Christkind* warten. Der *Weihnachtsmann* spielt kaum eine Rolle. Ihre Enkel – also die jungen Bonner – sind sich da nicht mehr so einig: Nur noch zwei Drittel geben an, dass das *Christkind* die Geschenke bringt, für das übrige Drittel ist es der *Weihnachtsmann*. Eine Tendenz zur allmählichen Umkehrung des Häufigkeitverhältnisses von alt zu jung kann hier nicht bestritten werden: Der *Weihnachtsmann* ist – sprachlich gesehen – eindeutig im Kommen.

7. *Christbaum*

Ähnlich verhält es sich mit den Bezeichnungen für den immergrünen Festbaum. Für den gesamtdeutschen Raum galt um 1970: Wo man das *Christkind* kennt, spricht man vom *Christbaum*[140] – also vor allem in Süddeutschland und in weiten Teilen des südlichen Rheinlandes. Nord- und Ostdeutschland hingegen waren nicht eindeutig einzuordnen: Sowohl *Weihnachts-* als auch *Tannenbaum* waren verbreitet, in Sachsen zum Teil auch *Christbaum*. Das Rheinland war sich sehr uneins: Alle drei Varianten waren hier bekannt und verbreitet. Der Bonner nannte *Tannenbaum* (ebenso wie die zwei Kölner), die Nachbarn im Osten (zum Beispiel Siegburg und Bergisch Gladbach)

Weihnachtsbaum und jene im Westen und Süden (zum Beispiel Euskirchen und Mayen) *Christbaum*. Im Vergleich dazu hat sich heute, ähnlich wie beim *Christkind*, einiges getan. So bemerken Elspaß und Möller (AdA): „Gegenüber dem WDU-Kartenbild zeigt sich eindeutig die Tendenz zur Ausbreitung der Bezeichnung *Weihnachtsbaum* auf Kosten von *Tannenbaum* (v. a. in Sachsen, in Mecklenburg-Vorpommern und im Rheinland) und *Christbaum* (v. a. im Westmitteldeutschen und im alemannischen Raum).“[141] Was bedeutet dies für die regionale Umgangssprache Bonns?

... heißt heute Weihnachtsbaum.

Mehr als drei Viertel der befragten jungen Regiolektsprecher in Bonn (rechts im Diagramm S. 80) nennen den Baum *Weihnachtsbaum* (rot). Nur noch vier Prozent benutzen die Bezeichnung *Christbaum* (blau). Der *Tannenbaum* (grün) ist bei beiden Altersgruppen etwa gleich beliebt: Auf ihn entfallen zwischen 16 und 21 Prozent der Nennungen.

Der Regiolekt der älteren Generation orientiert sich bei dem weihnachtlichen Wortschatz, also sowohl beim Gabenbringer als auch beim Baum, offensichtlich noch sehr am Bonner Dialekt. Dies zeigen deutlich die Ergebnisse der Vergleichsgruppe „Dialekt“: Hier stellen *Christbaum (Chresboom)* und *Christkind (Chreskind)* die absoluten Topvarianten dar. Beinahe identisch fällt das Verhältnis zwischen den drei Synonymen im Regiolekt der Älteren aus – hier gibt es kaum einen spürbaren Unterschied zwischem dem Bönnschen Platt und der regionalen Umgangssprache.

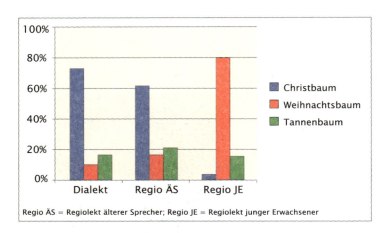

Regio ÄS = Regiolekt älterer Sprecher; Regio JE = Regiolekt junger Erwachsener

Die Bonner Ergebnisse schließen sich mithin den gesamtdeutschen Ergebnissen des „Atlas zur deutschen Alltagssprache“ an: Sowohl die Bezeichnung für den Festbaum als auch für die Geschenke bringende Figur verlagern sich von *Christbaum* und *Christkind* hin zu *Weihnachtsbaum* und *Weihnachtsmann*, wobei das *Christkind* (Figur wie Bezeichnung) mit einem Drittel der Antworten bei den jungen Erwachsenen offensichtlich noch „einen Stein im Brett hat“.

8. *zoppen & tunken*

Hat es sich *ausgezoppt?*

Das *Zoppe*[142] ist bei den *Bönnsch*-Sprecherinnen und -Sprechern eine Art Lieblingsbeschäftigung – sie *zoppen* Brot in die Suppe und andere Leute im Schwimmbecken. Für die eine wie für die andere Beschäftigung ist *zoppe* im Dialekt die Spitzenbezeichnung: 77 Prozent (für ‚etw. tunken‘) und 35 Prozent (für ‚jdn. untertauchen‘) der Nennungen entfallen im Bonner Dialekt darauf (s. S. 40-42).

Im Regiolekt hingegen scheint es sich in Bonn *ausgezoppt* zu haben, zumindest was das Eintunken von Brot in eine Flüssigkeit angeht. Besonders die jungen

Bonner – das Durchschnittsalter der Gewährspersonen in dieser Gruppe liegt ja bei 28 Jahren – gebrauchen dieses Wort kaum noch in ihrer regionalen Umgangssprache: Gerade mal 16 Prozent von ihnen nannten noch *zoppen*. Die ältere Generation der Regiolektsprecher – mit einem Durchschnittsalter von 66 Jahren – befindet sich mit 47 Prozent in einem mittleren Bereich. Der Beliebtheitswert des Dialektwortes *zoppen* fällt jedoch linear gegen Null. Dass sich der Trend bei den Jugendlichen fortsetzt, wird das nächste Kapitel zeigen (s. S. 103).

	Dialekt	Regiolekt „ältere Sprecher"	Regiolekt „junge Erwachsene"
zoppen	77%	47%	16%
tunken	13%	33%	76%
stippen	7%	13%	0%
dippen	3%	7%	8%

So schnell, wie *zoppen* an Beliebtheit im Regiolekt einbüßt, so schnell gewinnt das Wort *tunken* an Freunden. In der Bonner Umgangssprache ist bei *tunken* die umgekehrte Entwicklung zu beobachten: Die jungen Erwachsenen nennen es mehr als doppelt so oft wie die Älteren. *Stippen*, dessen Wert im Regiolekt der Älteren noch bei 13 Prozent lag, wird von den jungen Bonnern gar nicht mehr verwendet. Lediglich *dippen* rangiert bei beiden Generationen noch am unteren Ende der Skala mit sieben bzw. acht Prozent. Eins ist allerdings klar: An den Bonner Esstischen wird – soweit der Altersdurchschnitt nicht allzu hoch ist – vornehmlich *getunkt*.

Tunken auf Erfolgskurs

Erstaunlich ist dabei, dass *tunke(n)* bzw. *dunke(n)/dungge(n)* ursprünglich ein Dialektwort ist, das vor allem im südlichen Rheinland beheimatet ist, also in Teilen von Rheinland-Pfalz. Auch der „Rechtschreib-Duden" führt es mit dem Vermerk „Gebrauch: landschaftlich"[143] an. Nichtsdestotrotz ist es heute auch im Standarddeutschen ein geläufiges Wort. Allein eine Suche im Online-Textkorpus der „Zeit"[144] – also in einer Zusammenstellung aller Ausgaben der Zeitung im Zeitraum von 1946 bis 2009 – ergab 172 Treffer für dieses Wort. Etwa 45 Prozent (76) dieser *tunken*-Belege wurden allein in den Jahren 2000 bis 2009 veröffentlicht. Zum Vergleich: In den Ausgaben zwischen 1950 und

1959 verwendeten die Journalisten *tunken* gerade einmal siebenmal. Der Gebrauch dieser Bezeichnung scheint also besonders in den letzten zehn Jahren massiv angestiegen zu sein. *Tunken* ist offenbar in aller Munde, und das bundesweit. Seinen Ursprung hat es allerdings – und da hat der „Duden" recht – im Dialekt einer bestimmten Region Deutschlands. Von dort hat *tunken* es in die regionale Umgangssprache und ins Standarddeutsche geschafft. Über die räumliche Ausbreitung ist nicht viel bekannt; dass *tunken* allerdings zumindest in den Regiolekten des Rheinlandes verankert sein dürfte, steht außer Frage.

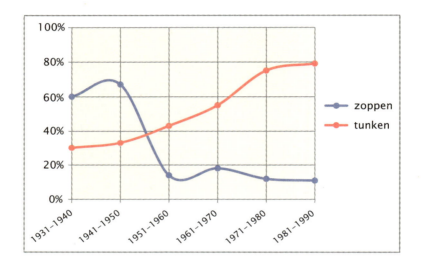

In diesem Diagramm ist der Erfolgskurs des Wortes im Regiolekt der Stadt Bonn dargestellt. Auf der waagerechten Achse sind in Zehnern die Jahrgänge der Befragten gruppiert. Langsam, aber stetig wächst der Anteil an *tunken*-Nennungen (rote Kurve), je jünger die Bonner Regiolektsprecherinnen und -sprecher werden. Parallel dazu fällt die Beliebtheit von *zoppen* (blaue Kurve) steil nach unten ab. Angesichts dieses Befundes für den Regiolekt kommt der Erfolg von *tunken* im Hochdeutschen vielleicht nicht überraschend. Doch es sollte Vorsicht geboten sein: Dies trifft lange nicht auf alle beliebten Regiolektwörter zu.

9. *döppen & tunken*

Synonyme fürs Untertauchen

In der Bedeutung ‚jemanden untertauchen (zum Beispiel im Schwimmbad)‘ schwindet *zoppen* nicht ganz so rasch und *tunken* steigt langsamer an. Das liegt vor allem daran, dass es für diese Tätigkeit im Bonner Regiolekt eine Reihe weiterer, offensichtlich auch verwendeter Synonyme gibt. Die älteren Regiolektsprecher räumen *zoppen* etwa ein Drittel der Nennungen ein, *tunken*

	Dialekt	Regiolekt „ältere Sprecher“	Regiolekt „junge Erwachsene“
zoppen	40%	30%	18%
ducken	26%	22%	6%
döfen	18%	4%	0%
döppen	9%	9%	24%
tunken	7%	22%	41%
untertauchen	0%	13%	12%

und *ducken* folgen mit etwas Abstand. *Döppen* taucht vergleichsweise selten im Regiolekt der älteren Generation auf, noch seltener ist dies bei *döfen* der Fall. Bei den jungen Bonnern ist *tunken* wieder der Favorit und scheint sich zum Universalwort für beide Bedeutungen zu mausern. Überraschenderweise folgt mit etwas mehr als halb so vielen Nennungen gleich darauf die Bezeichnung *döppen* (24 Prozent) – ein Wort, das bei den älteren Bonnern wenig beliebt ist (neun Prozent). Der große Verlierer ist *ducken*: Gerade mal sechs Prozent der Jungen verwenden dieses Wort für die Balgerei im Schwimmbad. Das standardsprachliche *untertauchen* rangiert konstant bei älteren und jüngeren Sprechern bei etwa einem Zehntel der Nennungen.

Doch noch einmal zurück zu *döppen*. Diese aus dem Dialekt stammende Bezeichnung ist ja vor allem im Regiolekt des nördlichen Rheinlands, also am Niederrhein und im Ruhrgebiet, stark vertreten – das ergab die Regiolekt-Befragung im Jahre 2002 (s. S. 30). Im Bönnschen Dialekt spielt sie keine gewichtige Rolle mit neun Prozent der Nennungen. Aber *döppen* scheint in der regionalen Umgangssprache immer mehr an Beliebtheit zu gewinnen. Ein Viertel der jungen Erwachsenen in Bonn benutzt diese Variante, wenn’s ums Untertauchen geht.

10. *fuschen*

Fuddeln gilt nicht!

Wer diesen Satz schon einmal gehört oder gar selbst ausgerufen hat, der kommt auf jeden Fall aus dem Rheinland. Doch dass man diese Warnung tatsächlich noch benutzt, ist nicht mehr selbstverständlich. *Fuddeln gilt nicht!* kann man in Bonn auch wörtlich nehmen, denn das Wort *fuddeln* gilt hier wohl tatsächlich nicht mehr oder nur noch in bestimmten Altersgruppen.

Doch fangen wir am Anfang an. Die Frage, die den Bonner Regiolektsprecherinnen und -sprechern gestellt worden war, lautete: „Wie nennen Sie ‚beim Kartenspiel betrügen‘?" Die Gruppe der älteren Bonner (die mittlere Gruppe im Diagramm) erkor das Wort *schummeln* (blau) mit zwölf von 29 Nennungen – also rund 41 Prozent – hier zu ihrem Favoriten. Dicht darauf folgten *betuppen* (rot) und *fuschen* (grün) mit jeweils sieben Nennungen, also je knapp 25 Prozent. Deutlich weniger häufig wurde *fuddeln* (orange) genannt: Lediglich drei Nennungen, das sind ein Zehntel, entfielen auf diese Bezeichnung. Sie ist außerdem die einzige dieser vier Varianten, die nicht im „Rechtschreib-Duden" geführt wird (weder *fuddeln* noch *futteln*). Verzeichnet sind dort hingegen *fuschen*[145] (als Synonym zu *fuscheln*) und *betuppen*, letzteres mit dem Zusatz „landschaftlich"[146] – wo genau dieses Wort verbreitet ist, wird aber nicht genannt. *Fuddeln* hat es aber in den „Duden online" geschafft, wo es neben „eine Arbeit schlampig anfertigen" auch die Bedeutung „beim [Karten] spiel betrügen" erhalten hat. Als Herkunft wird „niederdeutsch" angegeben.[147] Neben dem Verb gibt es im Rheinland weitere Wörter dieser Wortfamilie, wie etwa den *Fuddel* (‚Lumpen‘), den *Fuddelskram* (‚wertloses Zeug‘) oder *fuddelig* (‚minderwertig‘).[148] Sie entstammen allesamt dem Dialekt, doch ob sie ein und dieselbe Wortgeschichte teilen, ist umstritten. Eindeutig ist aber, dass dieses in der Form *fuddele* im Bonner Dialekt sehr wohl gebräuchliche Wort[149] im Regiolekt der älteren Generation bereits kaum Verwendung findet. Vergleicht man damit Antworten zum Dialekt, erhält man ein ganz anderes Bild: Im Bönnschen ist *fuddeln* sogar mit etwa 40 Prozent die beliebteste Variante, wenn es ums Betrügen im Spiel geht.

Betuppen hat neben der speziellen Bedeutung ‚beim [Karten]spiel betrügen‘ im Rheinischen auch eine allgemeinere: ‚jemanden betrügen, hintergehen‘, etwa wie im folgenden Satz: *Die Kassiererin im Supermarkt hat mich echt betuppt.*[150] Das Wort stammt aus dem Dialekt und ist in dieser Sprachlage im gesamten Rheinlands verbreitet, auch in Bonn.[151] *Pfuschen* ist nur in der Bedeutung „schnell, oberflächlich und deshalb nachlässig [...] arbeiten"[152]

gesamtdeutsch. Die Bedeutung ‚betrügen‘ gilt laut „Duden online“ nur landschaftlich, also nicht überall in Deutschland. In Bonn wird dieses Wort ge-
meinhin *fuschen* ausgesprochen. Auch auf den ausgefüllten Fragebögen war
dies die bevorzugte Schreibung (*fuschen*: zehn – *pfuschen*: vier).

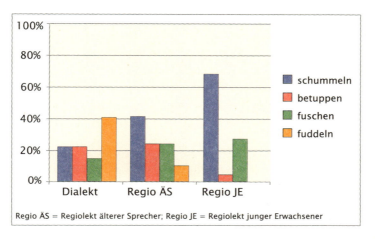

Regio ÄS = Regiolekt älterer Sprecher; Regio JE = Regiolekt junger Erwachsener

F wie *Pfeffer*

Ähnlich hält der Bonner es auch mit standarddeutschen Wörtern wie *Pferde*
oder *Pfeffer*, die zu *Ferde* und *Feffer* werden. Erklären lässt sich diese Beobachtung zum einen mit dem Lautinventar der Dialekte im Rheinland. Die
Plattsprecherinnen und -sprecher hier kennen den Laut *pf* gar nicht, denn
die sogenannte „Zweite Lautverschiebung“ hat es in diesem Fall nicht bis ins
Rheinland geschafft (s. S. 16). Daher weisen nur die Dialekte in Süddeutschland das *pf* auf und kennen somit Wörter wie *Apfel* statt *Appel* und *Pfund* statt
Pund. Im Rheinland ist das *pf* aber nicht heimisch und bereitet den Sprechern
auch im Standarddeutschen wenig Behagen. Dies ist der zweite Grund für das
Feffer-Phänomen: das Prinzip der Sprachökonomie. In der regionalen Umgangssprache (und auch im intendierten Hochdeutsch) fällt es dem Rheinländer schwer, den „fremden“ Laut zu artikulieren. So wird aus dem schwierigen
Laut *pf* schnell ein einfaches *f*. Diese Aussprachegewohnheiten werden weiter tradiert, und selbst Menschen, die gar keinen Dialekt mehr beherrschen,
werden sich dabei ertappen, wie sie *Fanne* und *Feife* sagen – auch wenn sie
glauben, gerade bestes Hochdeutsch zu sprechen und sie diese Wörter niemals
so schreiben würden. Doch gerade bei regionalen Wörtern wie *fuschen*, die
tendentiell der gesprochenen Sprache angehören und selten in verschriftlich-
ter Form auftauchen, wird das *pf* im Anlaut es wohl weiterhin schwer haben.

Fuschen gilt!

Betrachtet man einmal die Antworten der jungen Erwachsenen in Bonn, sieht man, dass der Gebrauch von *fuschen* (grün) im Bonner Regiolekt offenbar konstant bleibt: Sie benutzen diese Variante etwa gleich häufig wie die Älteren (sechs von 22). *Betuppen* (rot) hingegen verliert in dieser Gruppe stark an Beliebtheit und wird so gut wie nicht mehr verwendet (eine Nennung). Der größte Verlierer ist aber, ähnlich wie schon bei den älteren Regiolektsprecherinnen und -sprechern, das Wort *fuddeln* (orange): Keiner der jungen Bonner nannte mehr diese Variante. Umso besser schnitt dafür das gesamtdeutsche Wort *schummeln* (blau) ab: Es kam hier auf 15 Nennungen (68 Prozent). Die Tendenz, die sich in der älteren Gruppe abzeichnete, setzt sich hier also fort.

Unter der Rubrik „Noch wat?" fügte eine Bonnerin ihrem Fragebogen Begriffe hinzu, die für sie dem Bonner Regiolekt angehören: „*Müßbüggel* ist einer, der unangenehm riecht; *Üllesch*, alternativ: *Öllesch* (Zwiebel); *Feldhühner* (für Pellkartoffeln), *Kniesbüggel* (Geizhals), *Schnippelchenskartoffeln* (Bratkartoffeln aus rohen Kartoffeln), *Fitschelbohnen* (Brechbohnen, die gefitschelt bzw. geschnitten werden), *Pief* (Ofenrohr)." Weitere Wörter und Redewendungen, die den Bonnern hier noch einfielen, waren: *Lappen gehen* für ‚Fußball spielen', *knüsselich* für ‚leicht angeschmuddelt', *sicken* bzw. *sickig sein* für ‚sauer, beleidigt sein', *holen* für ‚einkaufen', *Du häss en Erz am wandere* für ‚Du spinnst' sowie die gern verwendete Grußformel *Wie isset*.

Bemerkenswert ist, dass das dialektal basierte *fuschen* im Regiolekt der jungen Erwachsenen in Bonn etwa doppelt so häufig vorkommt wie im Bonner Platt (links im Diagramm). In der Bedeutung ‚im Kartenspiel betrügen' ist es im Dialekt lediglich im zentralen Rheinland bekannt.[153] Dass ein regionaler und eher kleinräumig bekannter Ausdruck bei jungen Regiolektsprecherinnen und -sprechern sogar an Popularität gewinnt, ist ein ungewöhnlicher Trend.

11. *schnösen*

Essen Sie noch oder naschen Sie schon?

Jeder Deutsche isst im Jahr durchschnittlich etwa 200 Äpfel, 120 Becher Joghurt und 90 Tafeln Schokolade[154]. Aber spricht er beim Letzteren wirklich von *essen*? Oder *nascht* er nicht viel eher das eine oder andere Stück? *Naschen*, ein Wort, das verwandt ist mit *nagen* und somit eigentlich mal ‚knabbern‘ bedeutet hat[155], ist in ganz Deutschland bekannt und beinahe überall in der Alltagssprache gebräuchlich[156]. Auch der „Duden" verzeichnet es; laut „Duden online" kann es sowohl „eine Süßigkeit o. Ä. (Stück für Stück) genießerisch verzehren"[157] als auch „(heimlich) kleine Mengen von etwas (wegnehmen und) essen"[158] bedeuten. In diesem Zusammenhang soll vornehmlich auf die erste Bedeutung, also ‚Süßigkeiten essen‘, eingegangen werden.

Regiolekt der Älteren

Naschen (blau im Diagramm S. 88), das Wort des Standarddeutschen, ist der Favorit im Bonner Regiolekt. Bei den älteren Regiolektsprechern (die mittlere Gruppe im Diagramm) ist diese Variante mit der Hälfte aller Nennungen die häufigste. Ein Viertel entfällt auf die Bezeichnung *schnösen* (rot), gefolgt von *schnuppen* (orange; 17 Prozent) und *schnuckeln* (grün; acht Prozent). Die drei letzten Wörter entstammen dem Dialekt, finden aber im Regiolekt der älteren Bonner wenig Verwendung. Sie alle haben den Wortanfang *schn-* gemeinsam, der möglicherweise das schmatzende Geräusch beim Essen von Süßem lautmalerisch nachahmen soll.[159]

Vier Bonner Fragebögen, vier (und mehr) Bonner Varianten.

Dialekt

Schnöse (im Dialekt ohne *-n*) ist das Wort, das die Plattsprecher in Bonn ursprünglich wohl am häufigsten gebrauchten. Diese Vermutung legt die hohe Zahl der *schnöse*-Nennungen (rot) in der Gruppe „Dialekt" nahe: 72 Prozent entfielen auf diese Variante. Laut „Rheinischem Wörterbuch" ist es im Ripuarischen und Moselfränkischen verbreitet.[160] Auch das Bonner Dialekt-Wörterbuch von Johannes Bücher nennt diese Variante, daneben führt er als Synonym *schnuppe* auf.[161] Während *schnöse* also eher ein Wort des südlichen Rheinlandes ist, kennt man *schnuppe* eher am Niederrhein.[162] Beide Wörter überschneiden sich jedoch im zentralen Rheinland. Bei den Bonner Plattsprecherinnen und Plattsprechern kommt es allerdings weitaus seltener zum Einsatz als *schnöse*: Nur 20 Prozent der Nennungen entfallen im Bönnschen Dialekt auf *schnuppe* (orange). *Schnuckeln* (grün) ist eine Bezeichnung, die dem Platt des südlichen Rheinlands (Ripuarisch, Moselfränkisch, Rheinfränkisch) entstammt.[163] Von den Bonner Dialektsprechern nannte es niemand. Der „Duden" verzeichnet keine von diesen drei regionalen Varianten; der „Duden online" hat aber zum Stichwort *Schnuckelchen* folgende Herkunftserklärung: „wohl zu landschaftlich schnuckeln = nuckeln; naschen; wohl lautmalend"[164]. Vier Nennungen entfielen außerdem auf *schnörze*, das hier nicht berücksichtigt wurde.

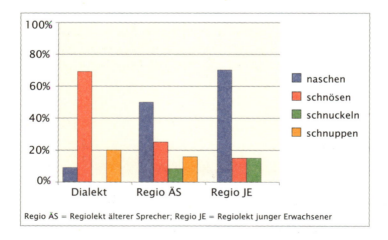

Regio ÄS = Regiolekt älterer Sprecher; Regio JE = Regiolekt junger Erwachsener

Regiolekt der jungen Erwachsenen

Bei den jungen Bonnern taucht *schnuckeln* mit der Bedeutung ‚Süßigkeiten essen' in der regionalen Umgangssprache hingegen häufiger auf: 15 Prozent der Nennungen entfallen darauf. Es ist die einzige Bezeichnung mit dialektalem

Ursprung, deren Trend in der jungen Gruppe nach oben geht. Im Vergleich dazu büßt das ursprüngliche Bonner Wort *schnöse(n)* stark ein und kommt gerade noch auf 15 Prozent der Nennungen – die Entwicklung, die bereits in der Gruppe der älteren Regiolektsprecher begann, setzt sich hier also linear fort. Dies gilt auch für *schnuppen*: Diese bereits in der Umgangssprache der älteren Bonner schwächelnde Variante verwenden die jungen Erwachsenen gar nicht mehr. *Naschen* ist mit 70 Prozent die absolute Topvariante. Wohin der Trend geht, ist also auch hier deutlich erkennbar: Das Wort, das im gesamten Deutschland verbreitet ist, setzt sich in der regionalen Sprache der jungen Bonner durch, während regionale Varianten mit dialektalem Ursprung immer stärker zurückgehen. Eine Ausnahme bildet hier möglicherweise *schnuckeln*, das Ansätze einer umgekehrten Entwicklung zeigt: Ohne Bönnsche[165] Vorgeschichte wird es von den Jungen dennoch in begrenztem Umfang verwendet. Dass *schnuckeln* offenbar weiter verbreitet ist als etwa gleichbedeutendes *schnösen*, zeigt die Google-Suche: Zu *schnuckeln* findet die Suchmaschine etwa 10.700 Einträge, im Vergleich dazu liefert *schnösen* gerade mal etwa 1150.[166] Regionale Wörter, deren Verbreitung eine größere Fläche umfasst, haben deutlich bessere Chancen, in die regionalen Umgangssprachen benachbarter Gebiete übernommen zu werden.

Kommste morgen auch. Lauf doch net so schnell. Dat war aber net nötig. Ich glaub dat nich – dies waren Sätze, die einer Bonnerin typisch für den Regiolekt erschienen. Einem Bonner Ehepaar fielen die vom Hochdeutsch abweichenden grammatischen Muster des Regiolekts auf, wie sie in folgenden Formulierungen vorkommen: *Schmitzens Anna* oder *dem Peter sein Ball*. Auch die Wendung *Ich jonn noh'm Aldi* bzw. *Ich jeh noh'm Aldi*, die eine anderen Gewährsperson anführte, gehört zu diesen Besonderheiten.

12. *piddeln* & *knibbeln*

Das *knibbeln*-Phänomen

Auf den vorigen Seiten wurde wiederholt thematisiert, dass die Dialektwörter es nicht ganz leicht haben im Regiolekt. Allzu oft können sie sich nicht gegen Synonyme, die im „Duden" stehen, bei den jungen Regiolektsprechern durchsetzen. Ein Gegenbeispiel ist hier das Wort *knibbeln*.

Doch ganz so einfach verhält es sich bei diesem Wort dann doch nicht. *Knibbeln* ist ein Wort, das auf dem Bonner Dialekt basiert. Johannes Bücher nennt für *knibbele* zwei Bedeutungen: „in kleinen Bissen verzehren" und „mühsam Feinarbeit verrichten"[167], ähnlich wie das „Rheinische Wörterbuch"[168], das neben „mit den Fingernägeln an Schorfkrusten [...] arbeiten und kleine Bröckchen abbrechen" auch „an etwas knabbern" angibt. Als Verbreitungsraum wird das gesamte Rheinland aufgeführt.

Gefragt wurde im Bonner Fragebogen von 2011 folgendermaßen: „Wie nennen Sie ‚mit den Fingernägeln ein Etikett von einer Flasche entfernen'?" Neben *knibbeln* war eine andere Variante ebenfalls bei den Bonner Regiolektsprechern sehr stark vertreten: *piddeln*. Auch dieses Wort enstammt dem Dialekt und wird bei Bücher so erläutert: „Kleinarbeit verrichten", „knifflige Arbeit tun" und „mit den Fingerspitzen herausziehen"[169]. Dieses Wort ist lediglich im zentralen und südlichen Rheinland bekannt und wird im „Rheinischen Wörterbuch" mit der folgender Bedeutung aufgeführt: „mit den Fingerspitzen oder mit einem spitzen Gegenstande an einem Körper klauben, kratzen, pflücken, u. zwar mit kleinen Bewegungen der Finger [...]"[170]. *Piddeln* bzw. *piddele* hat mit *knibbeln* im Dialekt demnach nur eine Bedeutung gemeinsam, nämlich das ‚Arbeiten mit den Fingern bzw. Fingernägeln'.

2011	Ältere Sprecher	Junge Erwachsene
piddeln	39%	25%
knibbeln	26%	63%

Regiolekt 2002 und 2011

Im Jahr 2002 wurden die Bonner (und auch die übrigen Rheinländer) vom LVR-Institut für Landeskunde und Regionalgeschichte nach ihrem Regiolekt gefragt (IRL-Fragebogen 7). Für Bonn kamen 38 ausgefüllte Fragebögen zusammen. Bildet man wie bei der aktuellen Erhebung Altersgruppen der Jahrgänge 1928-1956 und 1977-1990, bleiben 27 Fragebögen. Dabei ist das Verhältnis allerdings stark in Richtung der älteren Altersgruppe verschoben: 22 Fragebögen für die ältere Gruppe und fünf für die jüngere. Ein Unterschied zur Erhebung von 2011 bestand darin, dass die Befragten auf vorgegebene Antworten trafen, die sie ankreuzen konnten, aber auch auf ein freies Feld für Ergänzungen. Vorgegeben waren für die Frage 5 („mit den Fingernägeln bearbeiten/zupfen' zum Beispiel den Schorf von einer Wunde entfernen") folgende Antwortmöglichkeiten: *piddeln*; *bötteln*; *knibbeln*.

Die fünf jungen Bonner kreuzten 2002 *piddeln* und *knibbeln* gleichberechtigt an (mit Mehrfachnennungen). Dagegen überwog in der älteren Gruppe *piddeln* mit 69 Prozent der Nennungen.

Beschränkt man sich auf die zwei stärksten Varianten *piddeln* und *knibbeln*, erhält man 2011 folgende Ergebnisse[171]: Während die älteren Sprecher immer noch mehr fürs *Piddeln* als fürs *Knibbeln* übrig haben (39 Prozent), hat letzteres im Regiolekt der jungen Bonner seinen Konkurrenten übertrumpft und rangiert heute bei 63 Prozent der Nennungen. *Piddeln* hat im Vergleich dazu stark an Beliebtheit verloren und kommt hier nur noch auf 25 Prozent. In den vergangenen knapp zehn Jahren haben sich die Gewichte offensichtlich weiter verschoben. In der Tabelle nicht dargestellt ist die Variante *kratzen*, die bei den älteren Sprecherinnen und Sprechern auf 25 Prozent und bei den jungen Erwachsenen auf 13 Prozent der Nennungen kommt.

Dass *knibbeln* an Beliebtheit gewinnt – und das nicht nur im Bonner Regiolekt – zeigt der „Duden". Während man dort zwischen *Knetmesser* und *Knick* auch *knibbeln* aufgeführt findet – mit dem Zusatz „mitteld. für sich mit den Fingern an etwas zu schaffen machen" – sucht man zwischen *PID* und *Pidginenglisch* vergeblich nach *piddeln*.[172] Ebenso verhält es sich im Wahrig-Wörterbuch: Hier wird *knibbeln* als „norddeutsch" bezeichnet und als Bedeutung ‚pulen, nagen' angeführt – von *piddeln* jedoch keine Spur.[173] Laut Cornelissen breitet sich *knibbeln* von Norden weiter nach Süden aus.[174] Dieses passiert natürlich in erster Linie durch neue Sprachgewohnheiten von jungen Sprechern, wie sie im Kapitel C des Buches beschrieben werden.

13. *hibbelig*

Hibbelig im Vorortzug

Wenn man schon bei *knibbeln* von einem regelrechten Erfolgskurs des Wortes sprechen kann, dann bricht *hibbelig* nahezu alle Rekorde. Dieses Wort mit dialektalem Ursprung hat sich längst im Regiolekt angesiedelt und ist sogar bereits im Standarddeutschen als Bezeichnung für ‚zappelig' oder ‚nervös' gang und gäbe. Das Wort schafft es auch in bundesweite Medien. So betitelte der „Spiegel" in einer Ausgabe im September 2011 einen Artikel aus der Sparte Gesundheit mit „Hibbelig im Vorortzug"[175]. Dass der Gebrauch im

Hochdeutschen offensichtlich eine Entwicklung der letzten 25 Jahre darstellt, zeigen die Belege aus dem Online-Korpus der Wochenzeitung „Die Zeit". Sucht man in den Ausgaben des Zeitraums von 1946 bis 2009, finden sich 21 Belege für *hibbelig* – sie alle wurden nach 1986 publiziert, die meisten von ihnen (15) nach 2000. Hier werden neben Jungdesignern, Praktikanten und Moderatoren auch BMWs, Musik und „Technodramen" als *hibbelig* ausgewiesen.[176] Und auch der „Duden" hat es längst in seinen Bestand aufgenommen: Hier wird es als „*norddt. ugs. für* zappelig"[177] erläutert – also als „norddeutsch umgangssprachlich". Die Eingrenzung auf Norddeutschland dürfte aber, gerade in Anbetracht des medialen Gebrauchs, wohl bald hinfällig werden.

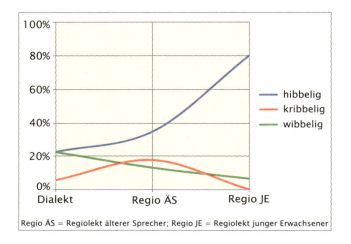

Hibbelig ist ein wohl noch junges Wort. Im „Rheinischen Wörterbuch", dessen Daten zwischen 1906 und 1939[178] erhoben wurden, wird es (noch) nicht genannt. Hingegen wird *wibbelig* sehr wohl aufgeführt, und zwar in der gleichen Bedeutung.[179] Honnen stellt *hibbelig* als Ableitung zu *hippen*, das laut „Rheinischem Wörterbuch" ‚hüpfen' bedeutet.[180] Auch *hippeln* – „hüpfen, trippeln"[181] – dürfte damit verwandt sein. Als ein Wort des Regiolekts ist es im Duisburger Wörterbuch belegt.[182] *Hibbelig* ist also in jedem Fall nicht nur ein norddeutsches, sondern auch ein rheinländisches Wort. So weit, so gut. Aber wie sieht es eigentlich in Bonn aus?

Bonn im Trend

Auf dem Fragebogen wurden die Bonner Regiolektsprecher danach gefragt, welches Wort sie für ‚nervös/unruhig' verwenden. Das Diagramm zeigt auf den ersten Blick, dass auch in der regionalen Umgangssprache der Bundesstadt das Wort *hibbelig* (blaue Kurve) zum Favoriten avanciert. Die älteren Sprecherinnen und Sprecher gebrauchen es in einem Drittel aller Fälle, während *kribbelig* (rote Kurve) in dieser Gruppe auf 17 und *wibbelig* (grüne Kurve) auf 13 Prozent der Nennungen kommen. Neben diesen drei Hauptvarianten gibt es in der Gruppe weitere Meldungen, die im Diagramm ausgespart wurden: *zappelig* (13 Prozent), *nervös* (13 Prozent) und *iggelig* (neun Prozent).

Doch erst die Jugend schießt den Vogel ab: Hier bringt es *hibbelig* auf 80 Prozent aller Nennungen, während die zwei anderen Bezeichnungen am unteren Ende der Skala verschwinden – *kribbelig* wird kein einziges Mal mehr genannt.

Dabei überraschen die Ergebnisse für den Dialekt (links im Diagramm): Im Bönnschen Platt spielt *hibbelig* keine hervorstechende Rolle. Hier ist es die zweithäufigste genannte Variante (22 Prozent), übertrumpft von *zappelig* (28 Prozent, nicht im Diagramm). Auch *wibbelig* (22 Prozent) und *iggelig* (17 Prozent, nicht im Diagramm) konkurrieren im Dialekt stark mit diesem Wort. *Kribbelig* erhält nur sechs Prozent aller Nennungen in dieser Gruppe. Johannes Bücher (Jahrgang 1905) führt *hibbelig* in seinem Bönnsch-Wörterbuch von 1987 nicht auf, was wiederum für das geringe Alter dieser Entwicklung sprechen dürfte.

Fakt ist, dass *hibbelig* heute ein fester Bestandteil des Bonner Regiolektes ist und sich zu einem regelrechten Trendwort gemausert hat. Wenn der „Duden" *hibbelig* als norddeutsches Wort einstuft, muss er die Bundesstadt Bonn schon einbeziehen.

Ein Mischgetränk aus Bier und Cola wird bei den Bonner Befragten am häufigsten *Diesel* genannt, aber auch die Bezeichnungen *Spezi*, *Drecksack* oder *Kölsch-Cola* sind hier bekannt. Für die alkoholfreie Alternative aus Cola und Limonade wurde meistens *Radler*, seltener auch *Alster (-wasser)* oder – wiederum – *Spezi* angegeben (Daten aus der Befragung 2011).

C. Bonner Deutsch – Die Sprache Bonner Jugendlicher mit und ohne Migrationshintergrund

Einleitung

Dass Jugendliche größtenteils keinen Dialekt mehr sprechen, wurde bereits oft beschrieben.[183] Aber welche Regionalismen finden sich dann in ihrem Wortschatz? *Speicher*, *piddeln* oder *hibbelig* – dies sind einige der Dialektwörter, die den Sprung in den Regiolekt der Bundesstadt geschafft haben, und zwar offenbar generationsunabhängig. Im Kapitel B wurden verschiedene Generationen, die Jahrgänge 1928 bis 1956 (im Durchschnitt 66 Jahre alt) und die Jahrgänge 1977 bis 1990 (im Durchschnitt 28 Jahre alt), im Hinblick auf ihren regionalen Wortschatz verglichen. Neben vielen Unterschieden zwischen beiden Gruppen gibt es eindeutig regionale „Klassiker", die bei älteren wie jüngeren Bonnern, auch wenn sie keinen Dialekt sprechen, noch hoch im Kurs stehen.

Wie aber steht es um die Sprache der ganz Jungen, also der Bonner Schülerinnen und Schüler? Bleiben auch sie bei den regionalen „Modewörtern" oder verwenden sie eine standardnähere Variante? Oder haben sie vielleicht wieder ganz eigene Bezeichnungen, die den älteren Generationen gar nicht bekannt sind? Diese Fragen leiteten die dritte und letzte Erhebungsphase des Bonn-Projektes.

Dabei muss man bei der Gruppe, die hier „Bonner Jugendliche" genannt wird, natürlich differenzieren. Denn wie die Gesamtbevölkerung der Stadt stellen sich auch die Schulklassen oft als eine bunte Mischung aus Einheimischen mit deutscher Muttersprache und solchen mit Deutsch als Zweitsprache dar, es finden sich Zugezogene und Pendler, die ihre Sprache nicht unbedingt in der Bundesstadt erworben haben. Diese Faktoren wirken in großem Maße auf den Wortschatz der Jugendlichen ein und mussten mitberücksichtigt werden. Folglich ergaben sich interessante Fragestellungen: Wie viel Regionales fließt eigentlich in die Sprache Jugendlicher mit Migrationshintergrund ein? Hört man ihnen an, dass sie ihr Deutsch in Bonn erworben haben? Unterscheidet sich ihr Gebrauch von Regionalismen von dem der Deutschmuttersprachler oder sprechen beide Gruppen gleich viel (oder gleich wenig) Rheinisch?

Dialekt und Schule

Das Forschungsgebiet „Dialekt und Schule" ist seit Anfang der 1970er Jahre verstärkt in den Fokus der Wissenschaft getreten, zu einer Zeit also, als dieses Problemfeld bereits dabei war, sich von selbst aufzulösen. Tatsächlich ist dieses „Problem" Jahrhunderte älter und stellte sich spätestens mit der Einführung der Schulpflicht. Seitdem waren Schulkinder gezwungen, neben ihrer Muttersprache Dialekt in der Schule eine zweite Sprache, das Hochdeutsche, zu lernen. Dabei bestanden regionale Unterschiede: So waren im niederdeutschen Raum, wo die Dialekte tendenziell weiter entfernt sind von der Standardsprache, die Verdikte gegenüber dem Dialektgebrauch am schärfsten, so dass hier die Dialekte heute am stärksten zurückgedrängt worden sind. Im deutschen Süden hingegen wurden dialektale Wechselwirkungen viel eher toleriert – hier wird heute noch am häufigsten Dialekt gesprochen.[184] Die Schulsprache ist nicht der einzige Faktor, den man mit dem Dialektverlust in Verbindung bringt. Seit Ende des 19. Jahrhunderts nahm die Zahl der Anlässe zu, bei denen das Hochdeutsche als Sprachform angemessener erschien als das Platt. Es galt als die „feinere Sprache" und verlieh entsprechendes Sozialprestige.[185] Dagegen erfuhren „Personen, die lediglich über den Dialekt verfügen, u. U. massive gesellschaftliche Diskriminierungen [...]."[186] Begünstigt durch die Migration nach dem Zweiten Weltkrieg verlor der Dialekt immer mehr seine einstige Dominanz in der gesprochenen Sprache. Auch innerhalb der Familie wurde nun vermehrt darauf geachtet, dass in der Kindererziehung das Hochdeutsche die alleinige Sprache blieb: Eltern sprachen mit ihren Kindern kein Platt mehr.[187] Es spielen also sowohl Aspekte der Bildungspolitik wie auch die allgemeine kulturelle Entwicklung (Zugang zum Medium Fernsehen) eine Rolle. Der Dialekt verlor als Sprechsprache immer mehr an Boden, es fehlte der Nachwuchs. Die Kinder von damals haben mittlerweile selbst Kinder und Enkel, denen das Platt, wenn überhaupt, nur noch als Sprache der Alten bekannt sein dürfte. Inwieweit diese Vermutung für Bonn zutrifft, wird unter anderem im folgenden zu klären sein.

Die Schüler-Befragung 2012

93 Schülerinnen und Schüler der Oberstufe an zwei Bonner Gesamtschulen wurden im März 2012 mit einem Sprachfragebogen konfrontiert – an der Elisabeth-Selbert-Gesamtschule in Bad Godesberg und der Bertolt-Brecht-Gesamtschule in Tannenbusch. Nach einigen sprachbiographischen Daten sollten die jungen Leute auf dem Fragebogen angeben, wie sie bestimmte Dinge und Tätigkeiten benennen. Zu Vergleichszwecken wurde hier zum Teil nach denselben Begriffen gefragt wie in den vorherigen Erhebungsschritten

(zum Beispiel ‚Dachboden‘, ‚Delle‘ und ‚Beule‘ oder ‚Regenrinne‘), zum Teil aber wurden neue Themen berücksichtigt (etwa Begrüßung und Verabschiedung). Der Fragebogen enthielt wiederum sowohl Abbildungen als auch Umschreibungen.

Im zweiten Teil der Befragung wurde dann – andersherum – in einer Art von Kompetenztest das Wissen der Jugendlichen um die Bedeutung einiger Dialekt- bzw. Regiolektwörter unter die Lupe genommen. Diese Wörter wurden ihnen von der Befragungsleiterin vorgelesen, eine schriftliche Vorlage wurde nicht gegeben. Auf diese Weise sollte die alltägliche Sprachsituation am ehesten nachempfunden werden, handelte es sich doch um Wörter der gesprochenen, nicht der geschriebenen Sprache. Der vorliegende Fragebogen gab ihnen die Möglichkeit, eine Bedeutung für das vorgestellte Wort einzutragen. Hinzu kam, dass die Jugendlichen jeweils durch Ankreuzen angeben sollten, ob sie das Wort auch selbst benutzen oder nicht. Auf diese Weise gaben sie Auskunft darüber, ob sie es „nur“ kennen oder ob sie es selbst aktiv im Alltag gebrauchen.

Der Altersdurchschnitt der 93 befragten Bonner Schülerinnen und Schülern liegt bei 18 Jahren. Unter ihnen gibt es die verschiedensten sprachlichen Biographien. 24 Befragte gaben an, dass sie neben Deutsch eine andere Mutter- und/oder Familiensprache sprechen. Die meisten aus dieser Gruppe – 17 – sagten jedoch, dass Deutsch ebenfalls eine der Sprachen sei, die in der Familie gesprochen werden. Diese Aussage gibt Aufschluss darüber, wie „verwurzelt“ die Jugendlichen mit anderssprachigem Hintergrund im Deutschen sind: Es ist ihre gängige Alltagssprache. Da es sich um Oberstufenschüler an Gesamtschulen handelt, ist anzunehmen, dass ihr Spracherwerb abgeschlossen und ihre Deutschkenntnisse in ausreichendem Maß entwickelt sind.

59 der befragten Jugendlichen sind in Bonn aufgewachsen (d. h. sie leben spätestens seit ihrem achten Lebensjahr hier) und haben Deutsch als einzige Muttersprache. Sie werden zur Gruppe „ohne Migrationshintergrund“ („oM“)[188] gezählt. Die zweite Gruppe („mit Migrationshintergrund“, „mM“)[189] besteht aus 12 Jugendlichen, die zwar ebenfalls in Bonn aufgewachsen sind, aber neben dem Deutschen mindestens eine weitere Mutter- und/oder Familiensprache beherrschen. Zu diesen Sprachen zählen Türkisch, Kurdisch, Kabylisch, Berberisch, Persisch oder Punjabi. In diesem Kapitel soll das Augenmerk vor allem auf diesen zwei Gruppen liegen, also auf sprachlichen Daten, die primär Bonn betreffen. Allerdings werden auch die übrigen drei Gruppen zu Vergleichszwecken herangezogen.

Diese drei Gruppen setzen sich wie folgt zusammen: Gruppe drei besteht aus sechs Personen. Es sind Deutschmuttersprachler, die aus anderen Regionen Deutschlands stammen. Bei ihrem Umzug nach Bonn waren sie älter als acht Jahre, kamen also zu einem Zeitpunkt her, als ihr primärer Spracherwerb mehr oder weniger abgeschlossen war. Dieser Gruppe ganz ähnlich ist die vierte, die ebenfalls sechs Zuzügler aus anderen deutschen Städten zählt, allerdings solche, die neben Deutsch noch eine zweite Muttersprache aufweisen. Es bleibt eine fünfte Gruppe, der Pendler aus den benachbarten Kommunen angehören. Die meisten dieser zehn Jugendlichen kommen aus Orten südlich von Bonn, etwa Remagen, Bad Breisig oder Andernach, und können ebenfalls nur als Vergleichsgruppe behandelt werden.

1. Gruppe: Bonner ohne Migrationshintergrund („oM")	59
2. Gruppe: Bonner mit Migrationshintergrund („mM")	12
3. Gruppe: Zugezogene ohne Migrationshintergrund	6
4. Gruppe: Zugezogene mit Migrationshintergrund	6
5. Gruppe: Pendler	10

1. *Regenrinne*

Dass *Kall(e)* in der Umgangssprache Bonns eine Bezeichnung für die Regenrinne ist, wissen nur noch die wenigsten der Bonner Schülerinnen und Schüler: Gerade einmal zwei von 59 Jugendlichen „oM" konnten diese Erklärung geben, als sie gefragt wurden, was dieses Wort bedeute. Zwei weitere gaben zwar ‚Rinne' als Beschreibung an, allerdings könnte dies auch etwas anderes als ‚Dachrinne' bedeuten, betrachtet man einmal die übrigen Erklärungsvarianten der Jugendlichen. Zwölf von ihnen umschrieben dieses Wort nämlich folgendermaßen: „beim Kegeln die Rinne an den Seiten", „Rinne beim Bowlen" oder „wenn man beim Kegeln in die Kalle wirft". In Bonn hat *Kall(e)* neben ‚Dachrinne' auch die Bedeutung ‚Kegelbahnrinne'. In dieser Bedeutung ist das Wort bei Jugendlichen noch bekannter. Weitere zum Teil sehr kreative Erklärungsansätze zeigen, dass den Jugendlichen dieses Wort mehr als fremd zu sein scheint: Vier ordneten *Kall(e)* der lautlich ähnlichen *Kelle* zu, zwei weitere dachten wohl ähnlich, als sie die Bedeutungsangaben „kleiner Spaten für den Garten" und „Spachtel" schrieben. Eine andere Person erklärte das Wort mit „Kante". Die allermeisten, 43 von 59, blieben aber eine Antwort schuldig. Dass der Gebrauch der aus dem Dialekt stammenden Bezeichnung *Kall(e)* im Regiolekt der Stadt abnimmt, je jünger die Sprecher sind, ist in Kapitel B festgestellt worden (s. S. 65). Die Jugendlichen setzen diese Entwicklung entsprechend fort, wobei das Wort unter der Bedeutung ‚Rinne auf der Kegelbahn' noch etwas stärker verbreitet ist.

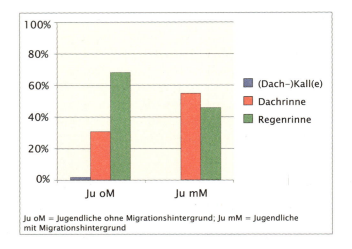

Im ersten Teil der Erhebung war auf dem Fragebogen der Jugendlichen nach ihrer Bezeichnung für die Rinne am Dach gefragt worden. Eine Vorgabe wurde nicht gemacht. Am häufigsten entschieden sich die 59 Bonner Jugendlichen ohne Migrationshintergrund (Gruppe Jugendliche „oM") für das Wort *Regenrinne* (68 Prozent; grün) – noch häufiger als die Gruppe der jungen Erwachsenen im vorherigen Kapitel mit 54 Prozent der Nennungen. Die Variante *Dachrinne* kommt auf ein Drittel (31 Prozent). *Dachkall* (blau) nennt nur eine Person, was in der Grafik etwa zwei Prozent entspricht – dies war einer der zwei Schüler, die auch bei der Frage nach der Bedeutung von *Kall(e)* mit ihrer Erklärung richtig lagen. An weiteren Bezeichnungen wurden lediglich je einmal *Dachdiele, Wasserrinne, Regenabflussrinne* und einfach nur *Rinne* genannt.

Die Antwortverteilung bei den zwölf Bonner Jugendlichen, die nicht nur über Deutsch als Muttersprache verfügen (Gruppe „mM"), weicht geringfügig ab. Die mehrsprachigen Jugendlichen tendieren etwas mehr zur Variante *Dachrinne* (55 Prozent). Auf *Regenrinne* entfielen die restlichen 45 Prozent, andere Bezeichnungen wurden nicht genannt.

2. *Dachboden*

Im ersten Teil des Fragebogens zeigte ein Foto einen Dachboden, darunter stand als Zusatzerklärung „Raum unter dem Dach". Antwortvorgaben gab es nicht. Von den 59 Schülerinnen und Schülern „oM" geben 45 allein *Dachboden* als Antwort. Acht nennen *Speicher*. Darin inbegriffen sind zwei Antworten, die beide Wörter enthielten. Die sechs restlichen Jugendlichen tendieren zu Einzelmeldungen wie *Dachgeschoss*, *Dachstuhl* oder *Kabuff*, die im Diagramm (s. S. 100) unberücksichtigt bleiben. Bezieht man nur die zwei Bezeichnungen ein, die am häufigsten genannt wurden, entsteht eine aussagekräftige Darstellung: Die Nennungen entfallen zu 71 Prozent auf *Dachboden* und zu 13 auf *Speicher*. Der Vergleich mit den Ergebnissen der Jugendlichen mit Migrationshintergrund ergibt keine großen Unterschiede. Neunmal wird *Dachboden* genannt, je einmal *Speicher/Dachboden* und *Dachgeschoss*.

	Jugendliche „oM"	Jugendliche „mM"
Dachboden	71%	83%
Speicher	13%	8%

Die Gruppe Bonner Schüler (Jugendliche „oM") – im Durchschnitt 18 Jahre alt – lässt sich vergleichen mit der Gruppe „junge Erwachsene" – im Durchschnitt 28 Jahre alt. Während die Jugendlichen „oM" zu 71 Prozent für *Dachboden* plädieren, tendieren die nur geringfügig älteren Bonner noch deutlich stärker zur regionalen Variante: *Dachboden* verzeichnet in dieser Gruppe „nur" 42 Prozent, während *Speicher* mit 58 Prozent in Führung liegt. Im Diagramm finden sich beide Gruppen auf der rechten Seite (s. nächste Seite).

Man wird wohl sagen dürfen, dass der Wechsel von *Speicher* zu *Dachboden* in der Bundesstadt Bonn für den Wandel der regionalen Umgangssprache in Richtung Standardsprache steht, gerade, wenn man auch die deutlich ältere Generation (Gruppe „ältere Sprecher", Durchschnittsalter 66) einbezieht (die zweite Gruppe im Diagramm). Für diese Altersgruppe spielt die Bezeichnung *Dachboden* eine vergleichsweise geringe Rolle, im Regiolekt wie im Dialekt (s. S. 68).

Die Vorherrschaft von *Dachboden* unter den Varianten wird von Elspaß und Möller im „Altas zur deutschen Alltagssprache" für das gesamte deutsche Sprachgebiet beschrieben (s. S. 68) und von Cornelissen auch für das Rheinland bestätigt[190]. Die aktuellen Zahlen zeigen, wie überaus schnell der Prozess der Entdialektalisierung des Regiolektes voranschreitet. In der Sprache der Bonner Jugendlichen hat in den letzten Jahren das Synonym *Dachboden* den *Speicher* klar überflügelt. Dass das Wort *Löf* (blau) für den Dachboden im

Regiolekt Bonns keine Chance hat, war bereits im vorherigen Kapitel klar geworden (s. S. 69).

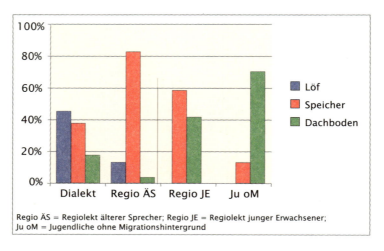

Regio ÄS = Regiolekt älterer Sprecher; Regio JE = Regiolekt junger Erwachsener; Ju oM = Jugendliche ohne Migrationshintergrund

3. Hüpfekästchen

Jehöppt wie *gesprungen*?

Es ist ein Spiel, das man nahezu überall auf der Welt antrifft, in den verschiedensten Variationen. In der in Deutschland bekanntesten Variante wird das Spielfeld mit Kreide auf die Straße gezeichnet, meist aus neun Kästchen bestehend, mit einem Stein wird bestimmt, welches Feld man beim Springen nicht berühren darf. Und dann folgt das, was alle Varianten gemeinsam haben: Es wird gehüpft bzw. *jehöppt*.

Offensichtlich erfreut sich dieser Spielklassiker auf den Bonner Schulhöfen nach wie vor zumindest einer gewissen Beliebtheit, denn das Gros der Jugendlichen (ohne Migrationshintergrund) konnte für das Foto auf dem Fragebogen eine Bezeichnung finden: 39 von 59 Befragten (66 Prozent) hatten eine konkrete Variante parat. Doch wie nennen junge Bonner nun dieses Hüpfspiel? Benutzen sie die gleiche Bezeichnung wie noch ihre Eltern oder sogar Großeltern?

Bonner Schulhöfe

Betrachtet man die Antworten der Jugendlichen ohne Migrationshintergrund, dürfte auf den Bonner Schulhöfen in den allermeisten Fällen der Satz

100

„Spielen wir *Hüpfekästchen*?" zu hören sein. Auf diese Variante entfallen 47 Prozent aller Antworten. Die drei übrigen Bezeichnungen – alle mit deutlich weniger Nennungen – liegen recht nah beieinander: *Himmel und Hölle* (21 Prozent) vor *Kästchenspringen* (18 Prozent) und *Käsekästchen* (13 Prozent). Die dialektale Variante *Hüppe-* bzw. *Höppekästche(n)* nennt nur ein einziger Schüler (drei Prozent).

Wenn Bonner Kinder und Jugendliche von *Hüpfekästchen* sprechen, dann gebrauchen sie den Regiolekt. Die Bezeichnung gilt im ganzen südlichen Rheinland[191] – das kann man der entsprechenden Karte aus dem „Wortatlas der deutschen Umgangssprachen" (WDU) entnehmen.[192] *Himmel und Hölle* ist 1977 hingegen vor allem aus dem Südwesten Deutschlands und aus der Schweiz gemeldet worden. Offensichtlich hat sich diese Bezeichnung in den letzten 35 Jahren stärker ausgebreitet und hat im Rheinland Anklang gefunden. *Kästchenspringen* und *Käsekästchen* stellen im WDU lediglich Einzelmeldungen dar. Gerade bei der letzten Bezeichnung liegt dies möglicherweise an der Zweideutigkeit, denn *Käsekästchen* heißt auch (und wohl vor allem) ein Strategiespiel, das mit Papier und Stift gespielt wird.

Bezeichnend ist vermutlich die Tatsache, dass von den zwölf Bonner Jugendlichen mit Migrationshintergrund nur ein einziger eine Bezeichnung für das Hüpfekästchen-Spiel nennen konnte: *Kästchenspringen*. Auch von den sechs Befragten der Gruppe mit Deutsch als Zweitsprache, die nicht in Bonn aufgewachsen sind, benannte lediglich eine Person das Spiel *Himmel und Hölle*, alle anderen blieben hier eine Antwort schuldig. Der Grund hierfür mag wohl weniger von der Sprachwissenschaft – für beinahe alle anderen Fragen hatten diese Jugendlichen nämlich Antworten parat –, als viel eher von Soziologie und Volkskunde gesucht werden müssen.

„Spiel in der Vergangenheit"…

… umschrieb einer der Jugendlichen das Hüpfekästchen-Spiel. Dass es auch bei den Kinderspielen Modeerscheinungen gibt, ist beinahe selbstverständlich, doch da sind ja auch Klassiker wie Mutter-Vater-Kind, Fangen oder Verstecken. Ob die *Hüpfekästchen* hierzu gehören, ist wohl kritisch zu sehen, auch wenn 66 Prozent der befragten Jugendlichen der ersten Gruppe das Spiel zumindest dem Namen nach kannten. Bezeichnend ist jedoch, dass, je älter die Befragten in Bonn sind, umso sicherer eine Antwort von ihnen zu erwarten ist: Bei der Gruppe der 21- bis 34-Jährigen (Gruppe „junge Erwachsene") kannten drei Viertel eine Bezeichnung, bei der Gruppe der 55- bis 83-Jährigen (Gruppe „ältere Sprecher") sogar fast jeder!

Das Diagramm präsentiert die Synonyme in vier Vergleichsgruppen: Von den Dialektsprechern (links) über die älteren und jüngeren Erwachsenen für den Regiolekt bis zur Gruppe der Jugendlichen ohne Migrationshintergrund (rechts).

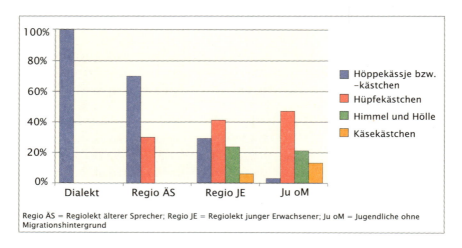

Regio ÄS = Regiolekt älterer Sprecher; Regio JE = Regiolekt junger Erwachsener; Ju oM = Jugendliche ohne Migrationshintergrund

Je mehr die dialektale Variante *Höppekässje* (bzw. *-kästchen*) zurückweicht, desto stärker tritt die standarddeutsche „Übersetzung" *Hüpfekästchen* hervor: Die Dialektsprecher benutzen durchweg *Höppekässje* (blau), während von den älteren Regiolektsprechern nur noch 70 Prozent diese Variante nennen, und zwar mit einem ins Standarddeutsche gesetzten zweiten Teil des Wortes: *Höppekästchen*. Bei den jüngeren Bonnern kommt diese Bezeichnung (ebenfalls nur mit *–kästchen*) noch in 29 Prozent und bei den Jugendlichen gerade noch in drei Prozent der Fälle vor. Umgekehrt steigen die Werte von *Hüpfekästchen* (rot) an, kommen aber auf Grund der Konkurrenz weiterer Varianten bei den Gruppen „junge Erwachsene" und „Jugendliche" nicht über die 50-Prozent-Marke hinaus. Die Bezeichnungsvielfalt hat hier erkennbar zugenommen, so dass regionale Varianten zum Teil in den Hintergrund geraten: Bei den beiden jüngeren Gruppen spielen auch die Bezeichnungen *Himmel und Hölle* (grün) und *Käsekästchen* (orange) eine gewisse Rolle. *Käsekästchen* wird von den Jugendlichen dabei häufiger genannt als von den jungen Erwachsenen (sechs : 13 Prozent). Aus Gründen der Übersichtlichkeit wurde in dieser Darstellung die Variante *Kästchenspringen*, die ausschließlich bei den Jugendlichen vorkommt, ausgeblendet. Sie spricht jedoch ebenfalls für eine Zunahme an konkurrierenden Bezeichnungen, die für ein und dasselbe Spiel heute in Bonn gebraucht werden.

4. *tunken*

Dass das *Dippen* hoch im Kurs steht, erkennt man unter anderem an den über 7000 Rezepten, die man unter dem Stichwort „Dips" auf einschlägigen Rezept-Portalen im Internet findet.[193]

Unter den 59 Bonner Jugendlichen mit deutscher Muttersprache ist es immerhin die zweithäufigste Bezeichnung für das Eintunken (etwa in den Kaffee): Es entfallen 14 Nennungen bzw. 27 Prozent auf diese Variante (*dippen*; rot). *Tunken* (blau) – das in der Formulierung der Frage bereits auftauchte – ist hier die stärkste Bezeichnung mit 56 Prozent, gefolgt von *(ein-)tauchen* (zwölf Prozent; grün). Die Wörter *stippen* (orange) und *zoppen* (gelb), die dem Dialekt entstammen, begegnen auf den Fragebögen gerade noch zwei- bzw. einmal.

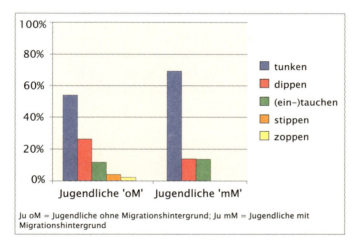

Ju oM = Jugendliche ohne Migrationshintergrund; Ju mM = Jugendliche mit Migrationshintergrund

Diese zwei Varianten tauchen bei den Mitschülerinnen und -schülern mit Migrationshintergrund nicht mehr auf. In dieser Gruppe ist – ebenso wie bei den Jugendlichen „oM" – *tunken* der Favorit mit fünf von sieben Nennungen. *Dippen* und *(ein-)tauchen* werden jeweils einmal genannt, während fünf Befragte hier eine Antwort schuldig blieben.

Beide Gruppen ähneln sich recht stark: sowohl die Jugendlichen mit als auch die ohne Migrationshintergrund kennen und gebrauchen zum größten Teil dieselben Bezeichnungen. Auch bei den regionalen Varianten *stippen* und *zoppen* gibt es keine markanten Unterschiede, denn auch die Deutsch-Muttersprachler benutzen diese kaum noch. Im Hinblick auf den Regionalitätsgehalt der Sprache von Bonner Jugendlichen zeigt sich, dass sie „von sich aus" eher zu Wörtern aus der Standardsprache neigen (*tunken, eintauchen*). *Dippen* wird auf der Seite des „Duden online" als „(landschaftlich) in etwas eintauchen" mit der Herkunft „niederdeutsch" verzeichnet[194]. Außerdem wird unter dem gleichen Stichwort die Bedeutung „in einen Dip eintauchen" geführt, wobei die Herkunft von *Dip* zum englischen *to dip* gestellt wird. Ob die Bezeichnung *dippen* im Regiolekt der Bonner Jugendlichen nun auf das im Niederdeutschen regional verbreitete *dippen* oder auf den englischen *Dip*, der sich ja bekanntlich großer kulinarischer Beliebtheit erfreut, zurückgeht, ist an dieser Stelle nicht zu klären. In beiden Fällen hätte es die Bezeichnung aber in den „Duden online" geschafft, was ihren Status stark in Richtung Standardsprache hebt. Wie sieht es aber aus, wenn man die Jugendlichen „andersherum" befragt, also nicht danach, welchen Ausdruck sie selbst im Alltag benutzen, sondern nach der Bekanntheit bestimmter ursprünglicher Dialektbezeichnungen?

Im zweiten Teil der Jugendlichen-Befragung wurden einige Regiolektwörter, die aus dem Dialekt stammen, eingeführt. Darunter waren auch *zoppen* und *stippen*. Diese zwei Varianten haben in Bonn zweierlei Bedeutungen, nämlich sowohl ‚jemanden untertauchen (zum Beispiel im Schwimmbad)' als auch ‚etwas eintauchen (zum Beispiel Gebäck in den Kaffee)' (s. S. 40-44, 80-83).

Bekanntheit *zoppen*

	Jugendliche „oM"	Jugendliche „mM"
Bed. „Kaffee"	5%	0%
Bed. „Schwimmbad"	7%	0%
unbekannt	88%	100%

Bekanntheit *stippen*

	Jugendliche „oM"	Jugendliche „mM"
Bed. „Kaffee"	14%	0%
Bed. „Schwimmbad"	2%	0%
unbekannt	85%	100%

Beide Wörter sind über 80 Prozent der Jugendlichen ohne Migrationshintergrund unbekannt, in der Gruppe der Deutsch-Zweitsprachler sogar allen Befragten. Bei *zoppen* kannten drei Jugendliche („oM") dieses Wort in der Bedeutung ‚etwas in den Kaffee tunken' und vier erklärten diese Bezeichnung mit ‚jemanden untertauchen'. 52 Jugendlichen war dieses Wort jedoch kein Begriff. Unter *stippen* verstanden acht Schüler ‚etwas in den Kaffee tunken', während das zweite Bedeutungsfeld gerade noch eine(r) kannte.

Sowohl aktiv als auch passiv sind den Bonner Jugendlichen die regionalen Varianten für ‚etwas in den Kaffee tunken' kein Begriff mehr. Nur bei einigen wenigen ist *stippen* oder *zoppen* ein Bestandteil ihres Regiolektes. Vor allem die Entwicklung des Bönnschen *zoppe(n)* ist bezeichnend: Im Erhebungsteil zum Dialekt erhielt *zoppe* 77 Prozent der Nennungen (s. S. 40). Im Regiolekt der gleichen Altersgruppe – also der älteren Sprecher – erreicht *zoppen* immer noch stolze 47 Prozent. Diese Beliebtheit ändert sich allerdings drastisch im Regiolekt der jungen Erwachsenen in Bonn, die dieser Variante gerade mal noch 16 Prozent einräumen (s. S. 81). Parallel dazu hat die Beliebtheit von standardsprachlichem *tunken* im Regiolekt sehr stark zugenommen.

	Dialekt	Regiolekt „ältere Sprecher"	Regiolekt „junge Erwachsene"	Jugendliche „oM"[195]
zoppen	77%	47%	16%	2%
tunken	13%	33%	76%	56%

5. *untertauchen*

Döppen taucht unter

Eine der Lieblingsbeschäftigungen von Bonner Jugendlichen ist im Sommer wohl der Freibadbesuch. Ob Melbbad oder Römerbad, das berühmt-berüchtigte gegenseitige „Untertauchen" kann man überall beobachten. Doch welchen empörten Ausruf würde man aktuell in Bonner Bädern wohl am öftesten hören: „Lass doch mal das Tunken sein!", „Hör mal auf mit dem Döppen!" oder „Kein Untertauchen!"?

Wenn man die Schüler der beiden Bonner Gesamtschulen fragt, dann müsste wohl der letzte Ausruf am häufigsten aus ihren Mündern zu hören sein; denn auf die Frage „Wie nennen Sie ‚jdn. im Freibad untertauchen'?" hatte fast die Hälfte der befragten Jugendlichen („oM") kein Synonym parat: 23 von 56 Antworten (41 Prozent) enthielten das bereits in der Frage vorkommende Verb *untertauchen* bzw. den Vermerk „ebenso". Auf dem zweiten Platz landete die Variante *tunken*, sie erhielt 17 Stimmen. Beide Bezeichnungen sind Bestandteil des standardsprachlichen Wortschatzes. Acht – und damit deutlich weniger – Bonner Jugendliche brachten allerdings auch eine regionale Variante aufs Tapet: *döppen*. Von nur jeweils einer Person wurden die aus dem Dialekt stammenden Wörter *ducken* und *zoppen* ins Spiel gebracht. Dagegen entschieden sich fünf junge Leute für die Variante *runterdrücken*. Eine Nennung entfiel auf *ertränken*.

	Jugendliche „oM" (56)[196]	Jugendliche „mM" (8)
untertauchen	41%	25%
tunken	30%	12
döppen	14%	0%
runterdrücken	9%	0%
ertränken	2%	38%
ducken	2%	0%
zoppen	2%	0%
absäufen	0%	12%
swallowing water	0%	12%

Von den Bonner Schülerinnen und Schülern mit Migrationshintergrund wird *ertränken*[197] am häufigsten genannt (dreimal). Ferner kennen die Jugendlichen mit anderssprachigem Hintergrund für die Balgerei im Schwimmbad wie die Mitschüler ohne Migrationshintergrund *untertauchen* (zwei Nennungen) und *tunken* (eine Nennung). Zwei Varianten, die die Deutsch-Muttersprachler nicht angeben, werden je einmal genannt: *absäufen* und *swallowing water*. Vier aus der Gruppe „mM" bleiben eine Antwort schuldig. Der größte Unterschied zu den Mitschülern ohne Migrationshintergrund ist wohl das vollständige Fehlen der regionalen Varianten. Waren diese bei der Gruppe „oM" bereits schwach vertreten – insgesamt zehn Nennungen –, bleiben sie bei den Jugendlichen der Gruppe „mM" vollständig aus.

Vergleich mit den vorherigen Erhebungsschritten

Im letzten Kapitel haben sich bereits bestimmte Tendenzen bei den Bezeichnungen des Untertauchens im Schwimmbad gezeigt: *Tunken* und *döppen* waren bei der Gruppe der jungen Erwachsenen auf dem Vormarsch, während die dialektalen Bezeichnungen *zoppen* und *ducken* sich aus dem Bonner Regiolekt zurückzuziehen schienen (s. S. 83). Wie sieht die Sprache der Bonner Jugendlichen hier im Vergleich mit den anderen Altersgruppen aus?

Döppen ist eine Bezeichnung, die bei der Gruppe „junge Erwachsene" (im Schnitt etwa zehn Jahre älter als die hier befragten Jugendlichen) deutlich häufiger zu finden war als im Regiolekt der Älteren. Die Bezeichnung war von neun Prozent der Nennungen im Regiolekt der älteren Bonner auf 24 Prozent bei den jungen Erwachsenen angestiegen. Die Jugendlichen („oM") lassen diesen Trend hingegen wieder etwas abflauen: Es entfallen 14 Prozent auf *döppen*.

Die großen Verlierer im Altersgruppenvergleich sind, wie erwähnt, *zoppen* und *ducken* – zwei aus dem Bönnschen stammende Bezeichnungen. Nur noch jeweils ein Mal wurden sie von den Schülerinnen und Schülern („oM") genannt. Bei den zehn Jahre älteren Bonnerinnen und Bonnern (Gruppe „junge Erwachsene") hatte *zoppen* zumindest noch nicht ganz ausgedient: Hier waren 18 Prozent der Nennungen auf dieses Verb entfallen.

Fragt man die Jugendlichen einmal „andersherum", was der Ausdruck *jemanden ducken* denn heißen könnte, kennt immerhin noch ein Drittel der Muttersprachler (36 Prozent) die ortstypische Bedeutung. Gleichzeitig geben bei der Frage nach dem aktiven Gebrauch die meisten dieser Schüler („oM") an, das Wort gehöre zur passiven Kompetenz, so dass sie es zwar verstehen, jedoch nicht selbst aktiv verwenden.

Das Diagramm (s. nächste Seite) veranschaulicht die Entwicklung im Regiolekt der verschiedenen Generationen in Bonn. Die Daten für den Dialekt als Vergleichsgröße (links) zeigen den rasanten Schwund von dialektalen Bezeichnungen im Regiolekt: *Zoppe* (40 Prozent; violett) und *ducke* (26 Prozent; orange) sind im Bönnschen weitverbreitete Synonyme für das Spiel im Wasser, *tunke* (sieben Prozent; blau) und *döppe* (neun Prozent; rot) werden deutlich seltener verwendet. *Döppe* ist ein Wort, das man, ebenso wie *tunke*, aus dem Bönnschen Dialekt ursprünglich nicht kennt (s. S. 42).

Wechselt man nun zur Sprachlage des Regiolekts, erkennt man, dass die älteren Regiolektsprecher, die ja größtenteils auch Dialektsprecher sind, auch in ihrer regionalen Umgangssprache am häufigsten die dialektalen Bezeichnungen verwenden, jedoch seltener als im Dialekt: *zoppen* (30 Prozent), *ducken* (22 Prozent). *Döppen*, jene regionale Variante, die höchstwahrscheinlich aus dem nördlichen Rheinland stammt, kommt auf neun Prozent. Außerdem spielt die standardsprachliche Bezeichnung *untertauchen* (grün) eine gewisse Rolle mit 13 Prozent der Nennungen. Das ebenfalls aus der Standardsprache bekannte *tunken* (22 Prozent) ist als dritthäufigste Variante im Regiolekt der Älteren vertreten.

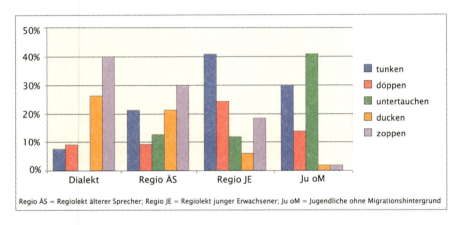

Regio ÄS = Regiolekt älterer Sprecher; Regio JE = Regiolekt junger Erwachsener; Ju oM = Jugendliche ohne Migrationshintergrund

Der Wert für dieses Wort steigt in der Generation der jungen Erwachsenen in Bonn steil an: *Tunken* ist mit weitem Abstand und 41 Prozent der Nennungen die häufigste Bezeichnung für ‚jemanden untertauchen' bei den im Schnitt 28-Jährigen. Aber auch das regionale *döppen* (24 Prozent) wird von den jungen Bonnern häufig verwendet, es landete vor dem Bönnschen *zoppen* (18 Prozent). *Ducken* ist der große Verlierer im Regiolekt. Seine Beliebtheit sinkt bei den jungen Erwachsenen auf sechs Prozent der Nennungen. Das standarddeutsche *untertauchen* rangiert davor bei zwölf Prozent. *Döppen* hat sich offensichtlich von seinem angestammten Gebiet aus, wo man dieses Wort auch im Dialekt kennt – dem nördlichen Rheinland (s. S. 43f.) –, im Regiolekt weiter nach Süden ausgebreitet, so dass bereits ein Viertel der jungen Erwachsenen in der Bundesstadt dieses Wort gebrauchen. Ebenso verhält es sich mit *tunken*, dessen Erfolgskurs vom Dialekt einer Region Deutschlands über den Regiolekt in das Standarddeutsche bereits beschrieben wurde (s. S. 83). Beide Entwicklungen lassen sich durch die hier erhobenen Daten auch für die Stadt Bonn genau nachzeichnen.

Ihren vorläufigen Zenit haben beide Bezeichnungen bei den jungen Erwachsenen erreicht. Bei den Jugendlichen („oM") sinken beide Werte: *Tunken* kommt als zweithäufigste Bezeichnung auf 30 Prozent, *döppen* als dritthäufigste auf 14 Prozent. In dieser Gruppe steht das vorgegebene Synonym *untertauchen* auf Platz eins: 41 Prozent entscheiden sich für diese Bezeichnung. Die aus dem Dialekt stammenden Varianten *zoppen* und *ducken* haben in dieser Generation vorerst ihren Tiefpunkt erreicht, wenn nur je eine Nennung auf diese Varianten entfällt (je zwei Prozent aller Nennungen).

6. *schummeln*

Cheaten gilt nicht?!

Dass *fuddeln* in Bonn nicht mehr gilt, haben wir bereits im letzten Kapitel erfahren. Sowohl die jungen als auch die älteren Regiolektsprecherinnen und -sprecher benutzen dieses aus dem Dialekt stammende Wort für ‚(beim Kartenspiel) betrügen' kaum noch bzw. gar nicht mehr (s. S. 84). Umso häufiger wurde dafür hier die Variante *schummeln* ins Spiel gebracht: 41 Prozent der Nennungen in der Gruppe „ältere Sprecher" und 68 in der Gruppe „junge Erwachsene" entfallen darauf. Wie setzt sich diese Entwicklung nun bei den Bonner Schülern fort?

	Jugendliche „oM"	Jugendliche „mM"
schummeln	60%	67%
fuschen	11%	0%
betrügen	7%	17%
cheaten	5%	17%
mogeln	5%	0%
fuddeln	4%	0%
betuppen	1%	0%

Die Bezeichnung *schummeln*, die standardsprachlich im ganzen deutschsprachigen Raum verbreitet ist, hat an Beliebtheit noch etwas zugelegt und rangiert bei den Jugendlichen ohne Migrationshintergrund auf Platz eins; sie erhält 44 der Nennungen (60 Prozent). Darauf folgt – mit sehr großem Abstand – *fuschen* auf dem zweiten Platz mit acht Nennungen, gefolgt von *cheaten* und *mogeln* (beide Varianten vier Nennungen). Die regionalen Varianten *fuddeln* (drei Nennungen) und *betuppen* (eine Nennung) bilden die Schlusslichter. Auf das bereits vorgegebene *betrügen* entfallen sieben Prozent (fünf Nennungen). Außerdem genannt wurden *tricksen* (zwei Nennungen), *flunkern* (eine Nennung) und *lügen* (eine Nennung).

Bei den Jugendlichen mit Migrationshintergrund zeigt sich, gemessen an der deutlich kleineren Größe dieser Gruppe, ein ganz ähnliches Bild: *schummeln* (acht Nennungen bzw. 67 Prozent) ist das mit Abstand bekannteste Wort. Genannt werden ferner als Synonyme *betrügen* und *cheaten* (je eine Nennung). Die regionalen Varianten *fuschen*, *fuddeln* und *betuppen* tauchen kein einziges Mal auf, ebenso wenig das standarddeutsche Synonym *mogeln*. *Schummeln* ist der große Gewinner in der Sprache der jungen Bonner – in beiden Gruppen. Das aus dem Englischen entlehnte *cheaten*, das (ursprünglich) vor allem für das Betrügen bei Computerspielen stand, ist offensichtlich in den Alltagswortschatz der Jugendlichen übergegangen und wird nun synonym zu *schummeln* verwendet.

Um das passive Wissen der Schülerinnen und Schüler zu testen, wurde auch „andersherum" gefragt: Was bedeutet *fuddeln* bzw. *futteln*? Die passende Antwort darauf fanden gerade mal noch 17 der 59 Jugendlichen ohne Migrationshintergrund (29 Prozent). Bei den Deutsch-Zweitsprachlern kannte niemand die richtige Bedeutung.

Hier wird *geschummelt*

Die regionalen Synonyme *fuschen*, *betuppen* und *fuddeln* für ‚betrügen' schwinden im Bonner Regiolekt also sehr rasant, wobei *fuschen* sich offensichtlich noch am längsten halten kann. Sein Anteil an den Antworten der Schüler ohne Migrationshintergrund ist allerdings gering (elf Prozent). Wiederum zeigt sich, dass die Sprache der Jugendlichen mit Migrationshintergrund sich

Junge Menschen neigen zu Neologismen, also Wortneuschöpfungen. Das können entweder ganz neu geschaffene Wörter sein oder solche, die sie aus anderen Zusammenhängen in die Jugendsprache transportieren. So wurden für ‚naschen' etwa die Ausdrücke *frazen* oder *einen Fresskick schieben* angegeben. Ob *frazen* möglicherweise eine „Verenglischung" des deutschen *fressen* ist? Auch das Bedeutungsfeld ‚zanken' weist eine Menge jugendsprachlicher Varianten auf, so zum Beispiel *fighten*, *dissen*, *abfucken*, *mobben*, *stressen*, *beaf haben*, *bitchen* oder *anzicken*.

im Fehlen von regionalen Varianten von jener der Deutsch-Muttersprachler unterscheidet.

Vergleicht man diese Ergebnisse mit den Gruppen „Dialektsprecher", „ältere Sprecher" und „junge Erwachsene" im Kapitel B (S. 80-84), dann war *schummeln* für die Jugendlichen in der Bundesstadt zu erwarten. Bei jedem anderen Ergebnis stünde der Verdacht im Raum, dass hier *gefuscht* worden wäre.

7. *jemanden zanken*

Paul und Anna haben Zank

„Mama, die Julia zankt mich!", schallt es aus so manchen Bonner Kinderzimmern. Oder etwa nicht (mehr)? Diese Frage zielt nicht auf den Vornamen, der aktuell wohl eher Mia oder Emma lauten dürfte. Viel eher könnte der Satz heute folgendermaßen ertönen: „Mama, die Mia zankt mit mir!"

Die transitive Bezeichnung *jemanden zanken* ist in dieser Form nicht im „Duden" verzeichnet, lediglich als intransitive Variante *(sich) mit jemandem zanken* wird sie aufgeführt[198]. Demnach wäre der Satz *Paul zankt Anna* im Standarddeutschen wohl nicht möglich, im Regiolekt Bonns hingegen wäre er nicht falsch. Aber wie oft wird die regionale Variante tatsächlich der anderen vorgezogen? Auf dem Fragebogen waren beide Varianten angegeben: *Paul hat Anna gezankt* und *Paul hat mit Anna gezankt*. An den Befragten war es anzugeben, mit welcher dieser Varianten sie den Sachverhalt ‚Paul hat Anna geärgert' – Paul ist also der aktive Part – ausdrücken würden.

Die regionale Bezeichnung *Paul hat Anna gezankt* hat bei Bonner Jugendlichen ohne Migrationshintergrund (dritte Gruppe im Diagramm S. 112) einen Vorsprung gegenüber der standardsprachlichen Variante: 61 Prozent der Nennungen entfallen darauf (blau), 39 auf die *mit*-Variante (rot). Auch unter den Jugendlichen mit Migrationshintergrund sind beide bekannt (je 50 Prozent der Nennungen).

Offensichtlich ist es auch hier wieder eine Frage des Alters, welche Variante der Bonner Regiolektsprecher oder die Bonner Regiolektsprecherin eher wählen würde. Die ältere Generation entscheidet sich zu 82 Prozent für die erste, regionale Variante. Die jungen Erwachsenen, im Schnitt 28 Jahre alt, sind sich da nicht mehr einig: 66 Prozent der Nennungen entfallen auf *Paul hat Anna gezankt*, 34 würden zu der Variante mit der Präposition *mit* tendieren.

Gleichzeitig wurde in einer Anschlussfrage auch noch nach Synonymen für das Wort *zanken* gefragt. Denn die Sprache ist reich an Ausdrücken im Begriffsfeld ‚streiten‘, je mehr Menschen man fragt, desto mehr Varianten erhält man. Dabei bleiben viele Antworten Einzelmeldungen, andere Bezeichnungen werden öfter genannt. Bestimmte Nennungen wurden der Übersichtlichkeit halber in der Tabelle (s. S. 113) außen vor gelassen. Auch hier lässt sich der Trend zu weniger Regionalität in der Umgangssprache verzeichnen.

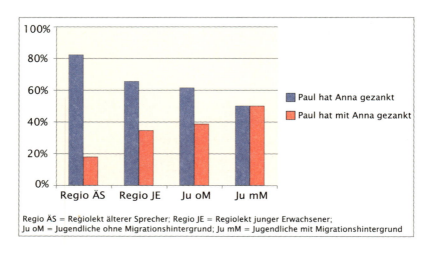

Regio ÄS = Regiolekt älterer Sprecher; Regio JE = Regiolekt junger Erwachsener;
Ju oM = Jugendliche ohne Migrationshintergrund; Ju mM = Jugendliche mit Migrationshintergrund

Die aus dem Dialekt stammenden Bezeichnungen *fetschen/fetzen* und *kabbeln* verlieren bei den jungen Erwachsenen und besonders bei den Jugendlichen an Beliebtheit, während die älteren Bonner Regiolektsprecher sie zum Teil noch häufig verwenden, besonders *fetschen/fetzen* (24 Prozent). Doch auch in der älteren Generation setzt sich bereits die standarddeutsche Variante *streiten* durch und führt die Favoritenliste mit 31 Prozent der Nennungen an. *Streiten* und *ärgern* pendeln auf der Beliebtheitsskala der Bonner Generationen zwischen Platz eins und zwei (in einem Fall auch Platz drei). Beide Bezeichnungen werden überregional verwendet. Die Jugendlichen „oM“ haben zudem weitere Synonyme für *zanken*, so etwa *nerven* (neun Prozent) oder *abfucken* (drei Prozent). Die Schüler „mM“ unterscheiden sich in ihrer Wortwahl hier kaum von den Deutsch-Muttersprachlern. In der folgenden Tabelle sind die Varianten der jeweiligen Generationen dargestellt, abgestuft nach der Häufigkeit ihrer Nennungen:

	Ältere Sprecher	Junge Erwachsene	Jugendliche „oM"	Jugendliche „mM"
streiten	31%	33%	40%	35%
fetschen, fetzen	24%	4%	3%	0%
ärgern	17%	43%	29%	26%
kabbeln	7%	0%	0%	0%
nerven	0%	5%	9%	17%
abfucken	0%	0%	3%	13%

Die Variantenvielfalt der Bonner Regiolektsprecherinnen und -sprecher – insbesondere der Jugendlichen – ist groß; die älteren Sprecherinnen und Sprecher hatten folgende Synonyme parat: *zoffen/Zoff haben; necken, zänken; bekriegen, beschimpfen, foppen, in den Haaren liegen, kloppen, Knies, piesacken, reizen, sich reiben, triezen, überwerfen.* Bei den jungen Erwachsenen konnte man noch auf den Fragebögen finden: *foppen; piesacken, ankacken, Disput austragen, fetzen, nerven, Palava, zickeln, zoffen.* Zum Regiolekt der Jugendlichen „oM" in Bonn gehören außerdem folgende Bezeichnungen: *mobben; necken; zoffen; fighten, piesacken; (an)zicken, auf den Sack gehen, aufziehn, beefen/beaf haben, triezen; birchen* (wohl gemeint: *bitchen*), *dissen, fetschen, kloppen, Konflikt, Krieg haben, stinkern* sowie *stressen.*

8. *hibbelig*

Hibbelig bis *unruhig*

Im vorherigen Erhebungsschritt war das Wort *hibbelig* bereits als Trendphänomen im Regiolekt der jungen Erwachsenen ausgemacht worden (s. S. 91-93). Als Synonym für ‚nervös' bzw. ‚unruhig' konnte für *hibbelig* ein rasanter Anstieg in der jungen Altersgruppe beobachtet werden: von 35 Prozent der Nennungen bei den älteren Regiolektsprechern zu 80 Prozent bei den jungen Erwachsenen. Ob sich der Trend nach oben auch für die Jugendlichen in Bonn fortsetzt, sollte die Schüler-Befragung ermitteln.

So steil die Kurve für *hibbelig* hinaufging, so schnell fällt sie auch wieder ab. Bei der Sprache der Bonner Jugend „oM" ist diese regionale Bezeichnung nicht mehr erste Wahl, wenn es darum geht, einen nervösen Menschen zu beschreiben. Zwar kommt *hibbelig* (blau) immer noch auf 38 Prozent der

Nennungen. Die Jugendlichen ohne Migrationshintergrund entscheiden sich aber noch häufiger für eins der zwei vorgegebenen Standardwörter (*nervös* und *unruhig;* rot). Ein Zehntel der Nennungen entfällt auf die Bezeichnung *aufgeregt* (grün). Bei den Jugendlichen mit Migrationshintergrund nannten *hibbelig* immerhin drei von zwölf Befragten (25 Prozent), öfter wurde aber *nervös* angegeben (sechs Nennungen; 50 Prozent). Drei weitere Nennungen entfielen in dieser Gruppe auf *aufgeregt*.

Eine Abweichung ergibt sich bei den zehn Jugendlichen, die nicht in Bonn wohnen, sondern aus südlichen – und oft auch ländlich gelegenen – Orten nach Bonn zur Schule pendeln. Hier kommt *hibbelig* auf 55 Prozent (sechs von insgesamt elf Nennungen) und überrundet damit die Varianten aus dem Standarddeutschen: *nervös/unruhig* (27 Prozent), *aufgeregt* (18 Prozent).

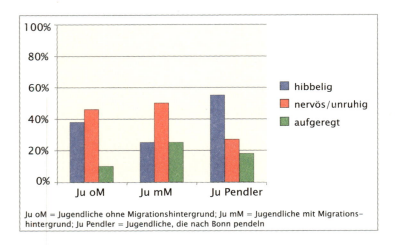

Ju oM = Jugendliche ohne Migrationshintergrund; Ju mM = Jugendliche mit Migrations-hintergrund; Ju Pendler = Jugendliche, die nach Bonn pendeln

Dass *hibbelig* eines der wenigen regionalen Wörter ist, die den Sprung ins Standarddeutsche geschafft haben, wurde bereits im letzten Kapitel dargestellt (s. S. 91). Bemerkenswert ist die Tatsache, dass es auch im Wortschatz der jungen Deutsch-Zweitsprachler mit 25 Prozent der Nennungen recht häufig vertreten ist. Die vorangehenden Seiten dieses Kapitels haben gezeigt, dass dies nicht der Normalfall ist. Die Jugendlichen mit anderssprachigem Hintergrund orientieren sich offensichtlich an der Sprache der Mitschüler und übernehmen nur solche regionalen Wörter, die auch bei den Deutsch-Muttersprachlern im täglichen Gebrauch sind. Bei den Pendlern findet sich *hibbelig* noch vergleichsweise oft – gleichzeitig machen sie nur einen sehr kleinen Teil der Bonner Schülerschaft aus, so dass ihr sprachlicher Einfluss auf die Mitschülerinnen und Mitschüler recht gering ausfallen dürfte.

Für *hibbelig* (blau) stehen die Zeichen jedenfalls auf Rückzug. Es hat zwischen den Generationen „junge Erwachsene" und „Jugendliche" stark an Beliebtheit eingebüßt. Dafür haben die standardsprachlichen Varianten *nervös, unruhig* und *aufgeregt* bei den Jugendlichen an Häufigkeit zugenommen. Gleichzeitig sind die aus dem Dialekt stammenden *wibbelig* oder *iggelig*, die im Regiolekt der älteren Generation noch vertreten waren (s. S. 93), bereits bei den jungen Erwachsenen völlig aus dem Wortschatz verschwunden.

9. *spack*

Spack passt nicht

Was ein *Spacko* (‚dummer Mensch')[199] ist, dürfte jeder Jugendliche wissen. Und auch das Verb *spacken* (‚sich dumm anstellen')[200] ist ein fester Bestandteil der Jugendsprache. Aber ob einer der Bonner Schüler das regionale Wort *spack* kennt, war noch herauszufinden. Dabei soll nicht der Eindruck aufkommen, *spack* sei mit den zwei genannten modernen Wortschöpfungen etymologisch verwandt, denn dies ist wohl kaum der Fall.[201]

Gefragt wurde nach Bezeichnungen für ‚zu eng', in Klammern war erläutert: „zum Beispiel ein Kleidungsstück". Auf diese Weise konnten die Jugendlichen frei ein Synonym wählen. Etwa die Hälfte der jungen Bonner ohne Migrationshintergrund – 41 von 59 – hatte allerdings keine Synonyme parat: Sie gaben gleichfalls *zu eng* an oder schrieben „ebs.". Andere Varianten waren *zu klein, zu knapp* oder *passt nicht*. All diese standardsprachlichen Bezeichnungen sind in der blauen Säule (s. S. 116) subsumiert worden und ergeben zusammen 95 Prozent aller Nennungen. Das dialektal-basierte *spack* (rot) nannten nur zwei der Jugendlichen (fünf Prozent). Bei den Mitschülerinnen und -schülern mit Migrationshintergrund nannte niemand diese regionale Variante; sie alle fanden ein standardsprachliches Synonym.

Wieder weichen die Pendler von den Bonnern ab. Soweit man anhand von so wenigen Personen (zehn) in dieser Teilgruppe überhaupt etwas sagen kann, dann, dass den Pendlern *spack* offensichtlich noch deutlich besser vertraut ist als ihren Bonner Mitschülern: drei von elf Nennungen (43 Prozent) entfielen auf diese Variante.

Spack ist ein Wort, das im Bonner Dialekt beheimatet und im Regiolekt im gesamten Rheinland verbreitet ist. Neben der Bedeutung ‚eng' kann es auch ‚knapp, wenig' oder ‚ärmlich' bedeuten. In der Wendung das *spacke Hemd* meint es eine Person, die sehr dünn ist und kein Fett ansetzt. Diese Bedeutung führt zurück auf den Ursprung des Wortes im Mittelniederdeutschen. Hier hieß es ‚dürr, trocken' – in dieser Bedeutung ist es vielen rheinischen Dialekten auch noch bekannt.[202]

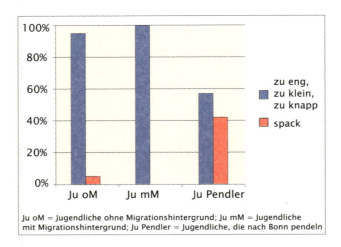

Ju oM = Jugendliche ohne Migrationshintergrund; Ju mM = Jugendliche mit Migrationshintergrund; Ju Pendler = Jugendliche, die nach Bonn pendeln

Mit 95 Prozent der Nennungen ist *spack* in der Bedeutung ‚eng sitzend' im Regiolekt der älteren Bonner noch höchst frequent. Bei den jüngeren Bonner Erwachsenen sinkt der Wert schon auf 71 Prozent. Trotz des nur geringen Altersunterschieds zwischen der Gruppe „junge Erwachsene" und den Jugendlichen (im Durchschnitt lediglich zehn Jahre) leben sie wohl schon in zwei verschiedenen Sprachwelten, was den Gebrauch von *spack* betrifft: nur zwei von 59 Schülern ohne Migrationshintergrund kennen das Wort noch.

10. *geil*

„Geiles Haus, geile Leute, alles voll geil!"[203]

„So hört es sich an, wenn ‚Popstars'-Kandidaten auf Ibiza ankommen"[204]. Dabei gebrauchen sie eines der wichtigsten sprachlichen Mittel der alltäglichen Kommunikation: Adjektive der Bewertung (*geil*) und Steigerungspartikel, wie etwa das *voll* in *voll geil*. Fast jeder Mensch hat den Drang, seine Bewertung der Lage zu äußern. Aus diesem Grund gibt es so zahlreiche Synonyme für den Fall, dass etwas besonders ‚toll' ist, und es kommen ständig neue dazu. In diesem Bereich ist die Sprache – vor allem jene der Jugendlichen – sehr produktiv. In Fällen, wo ältere Sprecher *fabelhaft* oder *wunderbar* gebrauchen, würden Schüler *cool*, *geil* oder *hammer* verwenden.

Wirft man den Blick nach Bonn, zeichnet sich diese Fülle an Synonymen auch in den Antworten der befragten Jugendlichen ab: Mindestens[205] 49 verschiedene Bezeichnungen für ‚besonders toll' wurden hier von der Gruppe ohne Migrationshintergrund angegeben. 35 kamen allerdings jeweils nur ein einziges Mal vor; die neun „gängigsten" (mit jeweils mehr als drei Nennungen) waren folgende:

Jugendliche „oM" (Gesamtanzahl der Nennungen: 147)	
geil	16%
cool	10%
super	7%
hammer	6%
schön	6%
toll	5%
krass	4%
gut	4%
klasse	3%

Die Tabelle zeigt einen Ausschnitt aller genannten Varianten. *Geil* ist mit 24 Nennungen (16 Prozent) die beliebteste Bezeichnung der Jugendlichen für etwas besonders Tolles, *cool* folgt darauf mit 15 Nennungen. Es gibt zu viele Varianten, als dass sich große Favoriten herauskristallisieren könnten. Einfallsreichtum und Innovation veranlassen die Sprecherinnen und Sprecher dazu, die Sprache in diesem Bereich ständig umzugestalten und Modewörter zu kreieren. Bezeichnungen wie *stark* oder *knorke* bildeten einst derartige Modeerscheinungen und spielen aktuell keine Rolle mehr im aktiven Sprachgebrauch der jüngeren Generationen.

Das Adjektiv *geil* wird in der Jugendsprache nicht in seiner herkömmlichen Bedeutung (‚sexuell erregt') verwendet, sondern meint jetzt ‚in begeisternder Weise schön'[206]. Auch das aus dem Englischen entlehnte *cool* hat seine Bedeutung erweitert (‚kühl' > ‚hervorragend'), es wurde so in Jugendsprachelexika[207] dokumentiert. Es stellt offensichtlich nach wie vor einen wichtigen Begriff bei Schülern dar. *Krass* definiert Ehmann als einen „der zentralen Begriffe der Jugendsprache in den Neunzigern; Nachfolgevokabel für *cool*; auch hier zeigt sich der jugendsprachliche Trend weg vom Englischen hin zum Teutonischen"[208]. In Bonn landet *krass* heute jedoch deutlich hinter *cool* mit sechs zu 15 Nennungen. Auch bei *korrekt,* das von den Jugendlichen „oM" drei Mal genannt wurde, hat die Jugendsprache die Bedeutung von ‚richtig' hin zu ‚super, erstklassig' erweitert. Ehmann dazu: „Die (an sich wertfreie) Vokabel wird von vielen Jugendlichen, die politisch neutral sind oder aber sich zur linken Szene zählen, bewusst gemieden, weil sie – seltsamerweise – ursprünglich aus der rechtsradikalen Jugendszene stammt."[209] Ob diese Differenzierung nach wie vor von Jugendlichen getroffen wird, ist hier nicht zu klären, die Emanzipation dieses Wortes (über einen Zeitraum von über zehn Jahren) aus einer bestimmten Szenesprache heraus erscheint aber möglich. Ebenfalls, allerdings seltener genannt wurden die Bezeichnungen *bombe, chillig, supi, wunderbar* (jeweils drei Nennungen), *fett* (zwei) und *pornös* (eine). Neben *chillig,* das nach deutschem Wortbildungsmuster aus dem englischen Verb *to chill* abgeleitet wurde, nennen die jungen Bonner weitere englische Entlehnungen: *nice* (zwei), *amazing* (eine) und *beautiful* (eine). Entgegen Ehmanns Annahme scheint das Englische bei den Jugendlichen nach wie vor als Gebersprache hoch im Kurs zu stehen.

Neben den bewährten jugendsprachlichen Varianten gibt es aber auch eine Reihe von innovativen Bildungen, die von den jungen Leuten genannt wurden. Zu den bemerkenswertesten gehören unter anderem *Chillisoße, Rabarberkuchen, swagelicious, swageronie* und *Traum von Amsterdam* (alle jeweils einmal genannt). Es ist gut möglich, dass ein Großteil dieser Bezeichnungen sogenannte „Insider" darstellen und nur in einer begrenzten Gruppe Jugendlicher kursieren. Oft grenzen sich „Cliquen" auf diese Weise nach außen hin ab. Um diesen Phänomenen auf den Grund zu gehen, müsste man metasprachliche Interviews mit den Jugendlichen führen. *Swagelicious* und *swageronie* könnten allerdings Verballhornungen des von Langenscheidt zum „Jugendwort 2011" gewählten *Swag* (Substantiv mit der Bedeutung ‚beneidenswerte, lässig-coole Ausstrahlung') sein[210], zu dem kritische Stimmen äußerten, es noch nie (aus dem Mund von Jugendlichen) gehört zu haben.[211] Dieses Phänomen wurde bereits von Ehmann 1992 beschrieben. Er warf ein, „daß ‚Jugendsprache [...] nicht nur bei den Jugendlichen' entstehe, sondern ‚auch in großem Umfang von Erwachsenen [...] für Jugendliche erzeugt' werde, um anschließend den Jugendlichen – mit welcher Intention auch immer – zu suggerieren, daß es sich dabei um ihre ‚eigene' Sprache handele."[212] Das ursprünglich in einem Liedtext erwähnte Wort wird hier – ob in ironischer Weise oder nicht, sei dahingestellt – durch in der englischen Jugendsprache produktive Wortbildungselemente erweitert: *-elicious* bzw. *-alicious* (analog zu engl. *delicious*) und *-eronie* bzw. *-aroni* (analog zu engl. *macaroni*). Beide Wörter finden sich bereits im Online-Wörterbuch „Urban Dictionary"[213], das vor allem englische

Slang-Wörter verzeichnet hat. Offen bleiben muss, ob die Nennung in Bonn eine ironische Hommage ist oder der alltagssprachlichen Verwendung entspricht. Ehmann bemerkt dazu, „daß viele Jugendliche [...] zwar durchaus die meisten der von den Medien als ‚Jugendsprache' verkauften Ausdrücke kennen; sie benutzen sie jedoch längst nicht so häufig und unreflektiert, wie hinlänglich angenommen wird."[214]

Der Vergleich zwischen den Bonner Jugendlichen ohne bzw. mit Migrationshintergrund, bezogen auf die neun eingangs vorgestellten Bezeichnungen, ergibt leicht variierende Verteilungen. Zwar ist bei den Schülern „mM" *geil* ebenfalls der Favorit mit vier der 34 Nennungen (zwölf Prozent), allerdings muss sich *cool* den zweiten Platz mit *hammer*, *krass*, *klasse* und *korrekt* teilen (und mit *nice*, *awesome* und *genial*): All diese Bezeichnungen wurden je zweimal genannt, somit entfallen jeweils sechs Prozent auf sie. Ein deutlicher Unterschied – bei der geringen Probandenzahl in der Gruppe „mM"! – zeigt sich für die Variante *super*: In der Gruppe ohne Migrationshintergrund entfallen sieben Prozent auf diese Variante, bei den Jugendlichen mit anderer Muttersprache drei Prozent (eine Nennung). Von den zwölf Befragten in der Gruppe „mM" wurden insgesamt 23 verschiedene Bezeichnungen angegeben, in der Gruppe „oM" nannten 59 Probanden 53 unterschiedliche Varianten. Die aus dem Englischen entlehnten Bezeichnungen *nice* und *awesome* erhalten bei den Deutsch-Zweitsprachlern jeweils zwei von 34 Nennungen, während es in der Gruppe „oM" bei *nice* zwei von 147 Nennungen sind und *awesome* vollständig fehlt.

Mehr aus dem Bonner Teenager-Wortschatz zum Thema ‚besonders toll': *bombastisch, dick, doll, einzigartig, erfreulich, fantastisch, fein, fett, hammer hart, hart, hervorragend, Ich liebe es, jot, knorke, lustig, mega, optimal laufen, optix, perfekt, schnieke, spitze, stabil, super duper, süß, traumhaft, unnormal, wahnsinn, wild, wow, wunderbar* und *wunderschön*.

11. *hey*

Hallo und *tschüs*

Begrüßung und Verabschiedung sind Rituale in unserem sozialen Miteinander. Sie variieren von Situation zu Situation (förmlich, leger, freundschaftlich) und von Gruppe zu Gruppe (differenziert nach Rang, Intimität, Solidarität etc.). Ritualisierte, exklusive Grüße stärken das Gemeinschaftsgefühl und schotten die Gruppe nach außen hin ab. Auf diese Weise kann ein Fremder bzw. ein Andersdenkender sogleich anhand eines „falschen" Grußes entlarvt werden. Beispiele für diese ritualisierten Begrüßungsformeln finden sich bei Anglern (*Petri Heil!*) oder Jägern (*Weidmanns Heil!*), bei Bergleuten (*Glück auf!*) oder Fliegern (*Hals- und Beinbruch!*). Aber auch Alter und Region spielen bei den Grüßen eine entscheidende Rolle.

Unlängst erst machte eine Schulrektorin aus Passau Furore, als sie ihre Schule zur „Hallo- und tschüss-freien Zone" erklärte. „Wir bemühen uns, ohne diese beiden Grußformeln in unserem Haus auszukommen", verkündete ein Aushang in der Mittelschule St. Nikola. „Über ein ‚Grüß Gott' und ein freundliches ‚Auf Wiedersehen' freuen wir uns jedoch jederzeit."[215] Das *tschüs* wird in Bayern offensichtlich als zu ‚norddeutsch' empfunden, obgleich es im aktuellen „Rechtschreib-Duden" nicht als „landschaftlich" eingeordnet wird, sondern – ohne regionale Begrenzung – als „umgangssprachlich".[216] Dass seine Ursprünge tatsächlich in Norddeutschland liegen, ist hingegen unumstritten. Es kann auf das spanische *adiós* zurückgeführt werden, das wohl im 18. Jahrhundert unter Seeleuten im Norden Deutschlands beliebt war. Über mehrere Etappen – unter anderem über die Form *adjüs* und den Wegfall des anlautenden *a* – entwickelte es sich etwa vom 18. bis zum 20. Jahrhundert zum heutigen *tschüs*. Parallel dazu entstand im Rheinland aus dem französischen *adieu* über *atschö* das heutige *tschö*. Während *tschö* aber eher in seiner rheinischen Heimat geblieben ist, hat *tschüs* sich über Norddeutschland hinaus nach Süden ausgebreitet und wird überregional als umgangssprachliche Abschiedsformel verwendet.[217]

Als Begrüßungsformel ist der Ausdruck *hallo* in Deutschland erst seit dem 20. Jahrhundert verbreitet, auch wenn er als „Ruf, um jemandes Aufmerksamkeit zu erregen"[218] schon länger bekannt ist. „Es entwickelte sich bereits im 15. Jahrhundert als Imperativ zu ahd. halōn, holōn >holen< und wurde vermutlich ursprünglich als Zuruf *hol über* an den Fährmann am anderen Ufer gerichtet."[219] Über das englische *hallo/hello* fand der Gruß den Weg in die deutsche Jugend- und schließlich in die Umgangssprache.[220]

120

Begrüßungen unter Freunden

Situation, Gruppe, Regionalität und Alter sind also entscheidende Faktoren, die bei der Wahl einer Begrüßungs- oder Abschiedsformel zum Tragen kommen. In der Befragung 2012 in Bonn sollte auch herausgefunden werden, wie der Faktor ‚Deutsch als Zweitsprache' sich darauf auswirkt. Dabei wurde unterschieden zwischen einer förmlichen Situation (Vorstellungsgespräch) und einer informellen (unter Freunden). Die letztere soll im folgenden genauer untersucht werden.

Die Jugendlichen haben meist nicht nur eine Begrüßung parat.

Die Passauer Rektorin müsste sich in Bonn wegen des *hallo* weniger Sorgen machen, hier hat eine andere Begrüßung diesen Favoriten abgelöst: 38 von 59 befragten Jugendlichen ohne Migrationshintergrund gebrauchen *hey* (27 Prozent aller Nennungen, s. S. 122). Das aus dem englischsprachigen Raum stammende *hey* ist im „Duden" mit dem Vermerk „Jugendsprache"[221] verzeichnet. Darauf folgt zahlenmäßig allerdings auch schon das *hallo* mit 19 Prozent. Zu den vier häufigsten Begrüßungsformeln der Bonner Jugend zählen außerdem *hi* (16 Prozent) und *na* (neun Prozent). Letzteres leitete in den allermeisten Fällen eine darauf folgende Phrase, wie *was geht?*, *alles klar?* oder *alles fit?*, ein. Seltenere Grüße, wie *hóla* (drei von 139 Nennungen), *moin* (drei), *hallöchen* (eine) oder *hallihallo* (eine), wurden in der Tabelle ausgespart.

Viele der Jugendlichen haben drei oder vier verschiedene Begrüßungsformeln in ihrem Repertoire, so dass es zu zahlreichen Mehrfachnennungen kam.

	Jugendliche „oM"	Jugendliche „mM"
hey	27%	18%
hallo	19%	14%
hi	16%	18%
na	9%	14%

Die prozentuale Verteilung der vier Hauptvarianten (*hey, hallo, hi, na*) weicht bei der Gruppe der Jugendlichen mit Migrationshintergrund davon nur gering ab. Die Werte liegen allerdings näher beieinander, so dass ein klarer Favorit nicht heraussticht. In Anbetracht der geringen Probandenzahl in dieser Gruppe (zwölf) müssen die Abweichungen allerdings wie immer vorsichtig betrachtet werden.

Beim Vorstellungsgespräch

In einer formellen Situation zeigt sich der Hang zur Variantenbildung nicht. So würden sich die Bonner Jugendlichen etwa bei einem Vorstellungsgespräch auf die Begrüßungsvarianten *Guten Tag* bzw. *Guten Morgen*, *hallo* und *Schönen guten Tag* beschränken. Dabei entfielen die allermeisten Nennungen der Jugendlichen ohne Migrationshintergrund, 54 von 65 (83 Prozent), auf *Guten Tag/Guten Morgen*. *Hallo* wird offensichtlich nicht als eine passende förmliche Begrüßung empfunden, denn es wird in dieser Gruppe nur achtmal gewählt. Das etwas blumige oder förmliche *Schönen guten Tag* kommt dreimal vor. Bei den Mitschülern mit anderssprachigem Hintergrund entfallen alle Nennungen auf *Guten Tag/Guten Morgen*.

Weitere Begrüßungsformeln unter Freunden, die sich auf den Fragebögen der Bonner Jugendlichen fanden, waren: *aloha, bonjour, hóla, huhu, jo, moin, moje, na, servus* oder *tach*. Zum Abschied fielen den Schülerinnen und Schülern außerdem noch ein: *adios, aurevoir, bye-bye, hade lan Peter Pan, maret, machet jood, peace, tschu tschu* und *Wir sehen uns*.

12. *tschüs*

Sag beim Abschied leise *hauste*…

Bei Verabschiedungen unter Freunden steht *tschüs* (blau) bei Bonner Jugend-lichen hoch im Kurs: In der Gruppe der Deutsch-Muttersprachler wählten 26 von 59 jungen Leuten diese Variante. Das waren 24 Prozent aller 109 Nennungen. Nur knapp dahinter folgt allerdings *ciao/tschau* (rot), das 24 Ju-gendliche nannten (22 Prozent aller Nennungen). Etwas weniger oft wur-den außerdem *hau rein* (14 Prozent; grün) und *bis bald/bis dann* (13 Prozent; orange) genannt. Neben diesen vier Varianten kamen allerdings weitere Ver-abschiedungen vor, die in der Grafik nicht dargestellt werden: *bis ...* (zum Beispiel *morgen*) (acht Nennungen), *hauste (rein)* (sieben), *hade* (sechs), *mach's gut* (fünf) und *tschö* (vier). Wie auch schon bei den Begrüßungen wurden oft drei oder vier Formeln von einer Person genannt, so dass es zu vielen Mehr-fachnennungen kam.

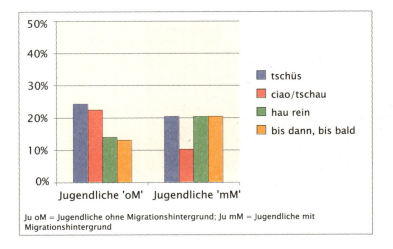

Auch bei den Verabschiedungen unterscheiden sich die Bonner Jugendlichen, die eine weitere Mutter- bzw. Familiensprache haben, kaum von den übrigen Altersgenossen. Die vier häufigsten Grüße sind auch ihnen geläufig.

Von den jungen Leuten wurden weitere Abschiedgrüße genannt, darunter *hauste*, offensichtlich eine Variante von *hau rein*, bei der *rein* in den Antworten oft weggelassen wurde. Die Verschmelzung von *haust du* zu *hauste* ist parallel zu *haste* oder *kannste* gebildet und typisch für den Bonner Regiolekt. Gleich-zeitig ist die Entstehung solcher Verkürzungen ein aktuelles Phänomen der

Jugendsprache, das Heike Wiese im „Kiezdeutschen" beobachtete. Sie stellte fest, dass die Partikeln *lassma* und *musstu*, ursprünglich als Verkürzungen der Aufforderungen „lass (uns) mal" und „musst du", nun von den untersuchten Jugendlichen in Berlin als feste Ausdrücke im Satz verwendet werden, ohne dass sie ihre Flexion veränderten.[222] Auch *hauste* ist nichts anderes als die Ver-

Abschied von der Schule in Bonn, 2012

kürzung einer Aufforderungsphrase; die Entwicklung könnte so verlaufen sein: *hau rein* → *hauste rein* → *hauste*.

Die Variante *hade* ist eine Entlehnung aus dem Türkischen, wo es eigentlich *haydi* heißt und ‚Los! Auf geht's!' bedeutet. Interessant ist, dass dieser Gruß von deutschen Jugendlichen (sechs Nennungen bzw. sechs Prozent) ebenso wie von solchen mit Migrationshintergrund (eine Nennung bzw. fünf Prozent) ins Spiel gebracht wurde. Beobachtungen zu dieser Entlehnung in die Jugendsprache machte bereits Eva Neuland. Sie stellte auch fest, dass „das türkische *hadi* (los, also)" zu „*hadi tschüss* oder auch: *hadi hau rein*!"[223] transformiert wird. Eine solche Vermischung wurde in der Bonner Erhebung nicht festgestellt.

Das rheinische *tschö* nannten gerade mal noch vier Jugendliche der Gruppe „oM" und einer der Gruppe „mM": Dieser geringe Wert in Bonn für ein urrheinisches Wort[224] muss natürlich überraschen. Das überregionale *ciao* ist hingegen sehr beliebt.

… nur nicht zum Chef

Die befragten Schüler beweisen, dass sie zwischen formellen und informellen Situationen sehr gut unterscheiden können, was die Wahl ihrer Sprache betrifft. Auf die Frage hin, wie sie sich bei einem Vorstellungsgespräch von ihrem zukünftigen Arbeitgeber verabschieden würden, entfielen 43 von 57 Nennungen (75 Prozent) bei den Jugendlichen mit Deutsch als Erstsprache auf die Phrase *Auf Wiedersehen*. Deutlich weniger würden *tschüs* oder *Einen schönen Tag noch* (jeweils sieben Nennungen; zwölf Prozent) sagen.

Die Jugendlichen mit Migrationshintergrund nannten ebenfalls diese drei Varianten, wobei die Verteilung – möglicherweise auf Grund der geringen Probandenzahl in dieser Gruppe – etwas anders ausfiel: *Auf Wiedersehen* kam auf sechs Nennungen (50 Prozent), auf *tschüs* und *Einen schönen Tag noch* entfielen jeweils drei von zwölf Nennungen (je 25 Prozent).

13. *piddeln* & *Plümmo*

Aktiver und passiver Wortschatz

Dass der Trend in der Sprache der Bonner Jugend weg vom Regionalen und hin zum Standarddeutschen geht, ist – mehr oder weniger deutlich – bei allen hier vorgestellten Wörtern festgestellt worden. Junge Leute verabschieden sich mit *tschüs* und *ciao*, seltener mit *tschö*. Statt auf dem *Speicher* wird eher etwas auf dem *Dachboden* deponiert. Zu Weihnachten stellt man den *Weihnachtsbaum* auf und nicht den *Christbaum*. Es wird *geschummelt* statt *gefuscht*, *getunkt* und *gedippt* statt *gezoppt* und *gestippt*. Natürlich muss man die Bonner Schüler nicht wegen einer etwaigen Spracharmut bedauern, denn sie haben unter anderem neue, eigene Wörter und Wendungen, wie *hey* und *hi* zur Begrüßung, *hau rein* und *hauste* zur Verabschiedung, *cheaten* statt *fuschen*, *frazen* statt *schnösen* und *mobben* statt *zanken*. In der vorliegenden Erhebung konnte nur ein kleiner Teil des regionalen Vokabulars abgefragt werden, darunter vor allem ursprüngliche Dialektbezeichnungen. Dabei können auch die in Bonn geläufigen jugendsprachlichen Wörter regional begrenzt und bei Hamburger oder Münchener Teenagern möglicherweise unbekannt sein.

Wie bereits erwähnt (s. S. 95/96), gliederte sich die Befragung der Schüler in zwei Teile. Im zweiten Teil wurden Wörter vorgelesen, so dass die Jugendlichen die Möglichkeit hatten, auf ihrem Fragebogen – sofern bekannt – deren Bedeutung einzutragen. Außerdem sollten sie ankreuzen, ob sie dieses Wort selbst benutzen oder nicht. Auf diese Weise erfährt man etwas über den aktiven bzw. passiven Wortschatz der Schüler. Wie also steht es um das Wissen der Jugendlichen, was Wörter wie *piddeln*, *fimschig* oder *üsselig* betrifft?

	Jugendliche „oM" (59)	Jugendliche „mM" (12)
Köpper	100%	83%
piddeln	100%	83%
Plümmo	83%	17%
knibbeln ‚kratzen'	63%	8%
knibbeln ‚kauen, knabbern'	12%	0%

Köpper, *piddeln* & *Plümmo* in (fast) aller Munde

Von den 15 aus dem Dialekt stammenden Regiolektwörtern, deren Bedeutung es zu umschreiben galt, wurden zwei von allen Jugendlichen „oM" richtig erklärt: *Köpper* und *piddeln*. *Köpper* (‚Kopfsprung') ist im Gegensatz zu *piddeln* (‚mit den Fingerspitzen an etwas werkeln') bereits im „Duden" verzeichnet, und das ohne den Zusatz ‚landschaftlich'. *Piddeln* hingegen ist noch dem Regiolekt vorbehalten und von der Nordeifel bis zum Niederrhein verbreitet.[225] Eine große Mehrheit der Jugendlichen „oM" gibt zudem die Auskunft, die Wörter aktiv in ihrer Umgangssprache zu benutzen (*Köpper*: 92 Prozent; *piddeln*: 88 Prozent). Beide Bezeichnungen sind auch einem sehr großen Teil der Jugendlichen mit Migrationshintergrund ein Begriff: Jeweils zehn der zwölf jungen Leute (83 Prozent) kannten die Bedeutung von *Köpper* und *piddeln*. Aktiv im Wortschatz vertreten sind beide Wörter – nach eigenem Bekunden – aber nur bei der Hälfte dieser zwölf Schüler.

Zu ähnlichen Ergebnissen kam auch Georg Cornelissen, als er 2002 in Bonn 38 junge Menschen zwischen 15 und 25 befragte[226]. Dabei trennte er diejenigen, die ihr ganzes Leben im Raum Bonn verbracht hatten, von denen, die aus anderen Teilen Deutschlands zugezogen waren. Bei den Zugezogenen unterschied er zwischen Personen, die seit sieben und mehr Jahren, und solchen, die erst die letzten ein bis vier Jahre in Bonn lebten. Auch hier zählte der *Köpper* zu den Wörtern, die nicht nur allen Einheimischen, sondern auch den allermeisten Zuzüglern (ob seit langem oder seit kurzem in Bonn) bekannt waren. Einer der frisch Zugezogenen zählte *Köpper* zu seinem passiven Wortschatz, und lediglich einer derselben Gruppe gab an, es gar nicht zu kennen. Ähnlich fielen die Zahlen bei *piddeln* aus, wobei hier die Bekanntheit bei den Bonn-Neulingen etwas geringer war: Vier von sechs Befragten in dieser Gruppe kannten das Wort nicht, einer gab an, es aktiv zu gebrauchen, einer verwendete es nicht selbst, kannte es aber. Die Bekanntheit bei den 27 autochthonen Bonner Jugendlichen war hingegen spürbar höher: 21 gaben an, es aktiv zu gebrauchen, und fünf, es zu kennen. Nur einer Person in dieser Gruppe war *piddeln* unbekannt. Dieses Wort scheint jedoch nach einer gewissen Zeit auch bei den Zugezogenen Fuß zu fassen, denn die Mehrheit der Befragten, die länger in Bonn lebten, gebrauchten dieses Wort aktiv. Die relativ rasche Übernahme dieser zwei regionalen Wörter durch die Zuziehenden zeugt von ihrer Vitalität innerhalb des Regiolektes. *Köpper* und *piddeln* sind stark genug im aktiven Sprachgebrauch vertreten, dass sie von den Neubürgern – und auch von den 2012 befragten Jugendlichen mit Migrationshintergrund – nicht nur verstanden, sondern auch in den eigenen Sprachgebrauch übernommen werden.

Auch *Plümmo* (‚Oberbett, Federbett‘) ist ein prominentes Wort des Jugendregiolektes in Bonn: 83 Prozent der 2012 befragten Jugendlichen „oM“ erklärten es auf die richtige Weise. Gleichzeitig zeigt ein relativ niedriger Bekanntheitsgrad bei den Deutsch-Zweitsprachlern (zwei von zwölf Befragten; je einmal passiv und aktiv), dass dieses Wort, im Gegensatz zu *Köpper* und *piddeln*, wohl nicht zwischen den Jugendlichen „weitergegeben“ wird. *Plümmo* ist eher ein Wort, das zuhause erlernt und gebraucht wird – in diesem Punkt unterscheiden sich dann die Sprachwelten der beiden befragten Gruppen.

Ein Regiolektwort, dass immer noch etwa zwei Dritteln der Bonner Schülerinnen und Schüler „oM“ etwas sagt, ist *knibbeln*: 37 von 59 (63 Prozent) erklärten diesen Begriff mit ‚etwas abkratzen‘, ‚an etwas rumspielen‘ oder schlicht mit ‚piddeln‘. Ein kleinerer Teil (sieben Befragte, also zwölf Prozent) kannte außerdem noch eine weitere Bedeutung, die oft mit ‚an den Fingernägeln kauen‘ oder ‚knabbern‘ umschrieben wurde. Beide Bedeutungen sind auch den Bonner Dialektsprecherinnen und Dialektsprechern[227] bekannt, wobei davon auszugehen ist, dass die letztere, also ‚knabbern, nagen‘, wohl die ältere ist. In der Bedeutung ‚etwas abkratzen‘ kennt man *knibbeln* – im Dialekt – eigentlich nur am Niederrhein. Cornelissen beobachtete, dass sich *knibbeln* (in der Bedeutung von ‚piddeln‘) im Regiolekt vom Norden des Rheinlandes aus weiter nach Süden ausbreitet (s. S. 91). Die Bonner Jugendlichen „oM“ bestätigen dies mit ihren Antworten. Unter den Mitschülerinnen und Mitschülern mit Migrationshintergrund ist dieses Wort hingegen nur einem bekannt.

14. *fimschig* & *fuddeln*

Zu einer Gruppe von ursprünglichen Dialektwörtern, die etwa einem Drittel bis der Hälfte der Jugendlichen „oM" ein Begriff sind, gehört *üsselig* (auch *usselich*[228], *uselig* oder *oselig*)[229]. Insgesamt 45 der 59 Bonner Jugendlichen ohne Migrationshintergrund war das Wort bekannt. Dabei teilen sich die Meinungen in zwei Lager, wenn es darum geht, es zu erklären. 32 Befragte (54 Prozent) würden das Adjektiv vor allem mit regnerischem, ekligem Wetter in Verbindung bringen. Die anderen 13 (22 Prozent) erklären es eher als die Eigenschaft einer unordentlichen, schlampigen und/oder verwirrten Person. Beide Bedeutungen sind im Rheinland gebräuchlich.[230] Von den Schülern mit Deutsch als Zweitsprache kannte es hingegen nur einer von zwölf, und zwar unter der letztgenannten Bedeutung.

	Jugendliche „oM"	Jugendliche „mM"
üsselig ‚regnerisch, eklig (v.a. Wetter)'	54%	0%
üsselig ‚schusselich, schlampig'	22%	8%
fimschig ‚sensibel', ‚empfindlich'	39%	0%
fimschig ‚klein', ‚unzureichend'	5%	0%
fimschig ‚eklig', ‚komisch'	3%	0%
jemanden ducken	36%	17%
Blötsch/Plötsch	36%	0%
fuddeln	29%	0%

Noch mehr Meinungsverschiedenheiten gibt es, wenn es um die Bedeutung des Adjektivs *fimschig* geht. Die allermeisten von den Jugendlichen ohne Migrationshintergrund, die es kennen, umschreiben das Wort mit ‚sensibel', ‚empfindlich' oder ‚zimperlich' (23 von 59, also 39 Prozent). Vereinzelt (drei Befragte) wurden aber auch die Bedeutungen ‚klein', ‚billig' und ‚geht schnell kaputt' ins Spiel gebracht. Zwei Schüler erklärten *fimschig* mit ‚eklig' und ‚komisch'. Alle diese Bedeutungsvarianten sind ebenfalls in Honnens Regionalwörterbuch des Rheinlandes dokumentiert.[231] Dabei gibt etwa die Hälfte dieser 2012 in Bonn befragten Jugendlichen an, *fimschig* aktiv zu gebrauchen. Den jungen Befragten mit Migrationshintergrund ist dieses Wort hingegen durchweg unbekannt.

Diese Ergebnisse für *fimschig* decken sich mit jenen, die von Georg Cornelis-sen 2002 in Bonn erhoben wurden (s. o.)[232]: „Es ist der Hälfte der im Bonner Raum beheimateten jungen Leute schon nicht mehr bekannt; dem entspricht hier die Fehlanzeige für den aktiven Wortschatz bei den Zugezogenen.“[233]

Auch die Begriffe *jemanden ducken* (,jemanden untertauchen', s. S. 105), *Blötsch/Plötsch* (,Delle', s. S. 72) und *fuddeln* (,betrügen', s. S. 109) sind etwa einem Drittel der jungen Bonner „oM" ein Begriff, wenn man sie gezielt nach der Wortbedeutung fragt. Die Jugendlichen mit Migrationshintergrund hin-gegen kennen so gut wie keins der eben genannten Regiolektwörter.

15. *Klicker & Kuckeleboom*

Von den 15 aus dem Dialekt stammenden Wörtern, die ins Rennen gegangen waren, stießen sechs auf ein mehr oder weniger großes Unverständnis. Es waren stets weniger als neun Schülerinnen und Schüler „oM", die bei diesen Begrif-fen die entsprechende Bedeutung angeben konnten. Eine Ausnahme bildet das Wort *Kalle* in der Bedeutung ,Kegelbahnrinne' (s. S. 97), denn immerhin 14 der 59 Jugendlichen (24 Prozent) vermochten das Wort auf diese Weise zu erklä-ren.[234] Auch einem Jugendlichen „mM" war *Kalle* in diesem Kontext bekannt. Als Bezeichnung für die ,Dachrinne' kannten es hingegen gerade mal noch zwei Befragte „oM".

	Jugendliche „oM"	Jugendliche „mM"
Kalle ,Dachrinne'	3%	0
Kalle ,Kegelbahnrinne'	24%	8%
stippen ,Kaffee'	14%	0
stippen ,Schwimmbad'	2%	0
Klicker	14%	0
schnösen	7%	0
zoppen ,Kaffee'	5%	0
zoppen ,Schwimmbad'	7%	0
Kuckeleboom	2%	0

Stippen (‚etwas in eine Flüssigkeit eintauchen‘, s. S. 103) und *Klicker* (‚Murmeln‘) kamen jeweils auf acht richtige Bedeutungsangaben in der Gruppe „oM“. *Schnösen* (‚naschen‘), *zoppen* (in beiden Bedeutungen, s. S. 103, 105), *stippen* (‚jemanden untertauchen‘, s. S. 105) und *Kuckeleboom* (‚Purzelbaum‘) hingegen kennt so gut wie keiner der Schüler mehr.

Erkennbar ist, dass Wörter, die bereits den wenigsten Deutsch-Muttersprachlern ein Begriff sind, bei Jugendlichen mit Migrationshintergrund eine Fehlanzeige erhalten. Bis auf *Kalle* (‚Kegelbahnrinne‘) kannten die jungen Leute „mM“ keines dieser sechs Wörter aus dem Bonner Dialekt/Regiolekt.

Wörterraten

Wer die Antwort auf eine Frage nicht kennt, versucht es vielleicht mit der Ratemethode. Dabei werden verschiedene Strategien entwickelt, wie man an Hand bestimmter Anhaltspunkte zu der richtigen Bedeutung gelangen kann. Eine davon ist die Annäherung über lautlich verwandte Wörter. So wurde als Erklärung für *schnösen* (‚naschen‘) von einigen Jugendlichen ohne Migrationshintergrund ‚dösen‘ sowie, damit sinnverwandt, ‚chillen‘ und ‚gammeln‘ genannt. Außerdem wurde das Wort von Schülerinnen und Schülern mit dem ähnlich klingenden *schnäuzen* in Verbindung gebracht: ‚sich die Nase putzen‘ und ‚schniefen‘. Ein anderer Befragter versuchte es mit *schnorren* und gab an, *schnösen* bedeute ‚etwas umsonst haben wollen‘. Insgesamt trugen 46 der 59 Jugendlichen „oM“ (78 Prozent) keine Bedeutung zu diesem Wort ein, neun (15 Prozent) versuchten sich im Raten, während lediglich vier der Befragten (sieben Prozent) *schnösen* mit ‚naschen‘ umschreiben konnten. Ganz ähnlich verhielten sich hier die Schüler mit Migrationshintergrund: Neun von zwölf blieben eine Antwort schuldig, dagegen versuchten es drei mit Erklärungen wie ‚gammeln‘, ‚schlafen‘ oder ‚riechen, schmecken‘. Die tatsächliche Bedeutung kannte allerdings keine/r.

Das Wort, das am häufigsten Grund zum Grübeln aufgab, war *Kuckeleboom* (‚Purzelbaum‘). Vier Befragte ohne Migrationshintergrund konnten zumindest den zweiten Wortbestandteil richtig deuten, indem sie ‚Baum‘, ‚…baum‘ oder ‚irgendein Baum‘ antworteten. Drei versuchten es etwas spezifischer mit ‚Weihnachtsbaum‘, zwei weitere mit ‚Tannenbaum‘. Zwei Erklärungen stellten den *Kuckeleboom* gar in den sakralen Bereich: ‚Kirchenturm‘ und ‚Kölner Dom‘ lauteten hier die (vielleicht nicht ganz ernst gemeinten) Bedeutungsangaben. Nur eine Person kannte die richtige Bedeutung. Bei den Jugendlichen mit Migrationshintergrund blieben die Antwortfelder hier allesamt leer.

Ähnlich anregend scheint das Wort *Klicker* („Murmeln') auf die Fantasie der Jugendlichen gewirkt zu haben. Neben 39 leeren Antwortfeldern und acht korrekten Begriffserklärungen fanden sich zwölf interessante Deutungsversuche. Auf Grund der lautlichen Ähnlichkeit zu *Klick* und *klicken* (also ,etwas mit der Computer-Maus anwählen') aus einer Wortfamilie, die im Alltag der Jugendlichen fest verankert ist, versuchten die befragten Schüler „oM" ihr Glück mit Erklärungen wie ,Schalter', ,Hundeerziehungshilfe (für Belohnungen ein Klick)', ,Fahrradklingel' oder ,eine Maschine zum Zählen, z. B. zur Zählung von Festivalbesuchern'. Verwandtschaft zu dem Wort *Clique* („Personen- oder Freundeskreis') suchten offensichtlich Befragte, die *Klicker* mit ,Freundschaftsgruppe' und ,Gemeinschaft' erklärten. Die Bedeutungsangabe ,Nachrichten' orientiert sich wohl an dem lautähnlichen *(News-)Ticker*. Die Antworten der Jugendlichen mit Migrationshintergrund schließen sich nahtlos an die ihrer Mitschüler an: Acht von zwölf meldeten Fehlanzeige, die übrigen vier ließen ihrem Einfallsreichtum und ihrem Kombinationsvermögen freien Lauf. Dabei schloss einer das Wort mit der Erklärung ,in einer Gruppe angehörige Personen' ebenfalls an *Clique* an. Die drei übrigen stellten es, analog zu *klicken*, in den Bereich Computertechnik bzw. Freizeit: ,Internetuser, jemand der etwas anklickt', ,Leute, die mit ihrer PC-Maus klicken' und ,Spiel'.

Diese Beispiele zeigen, dass ein großer Teil jener Wörter, die den älteren Bonnern noch wie selbstverständlich über die Lippen kommen, von den Jugendlichen nur noch sehr begrenzt verstanden und kaum verwendet werden. Lediglich vier von 15 Regiolektwörtern, die im Dialekt beheimatet sind, sind der großen Mehrzahl der befragten Schülerinnen und Schüler ein Begriff: *Köpper, piddeln, Plümmo* und *knibbeln* (s. S. 125). In der Gruppe der Jugendlichen mit Migrationshintergrund sind die Bekanntheitswerte dieser Wörter erwartungsgemäß deutlich geringer. Aus dem im Dialekt verwurzelten Wortschatz scheinen lediglich *Köpper* und *piddeln* in ihrem aktiven Vokabular allgemein verankert zu sein.

16. Wörter und Laute

In ihrer 2008 vorgelegten Dissertation untersuchte Anne Meuter die Sprache von Kindern und Jugendlichen in Bonn-Beuel[235]. Dabei befragte sie 29 Schüler und Kindergartenkinder im Alter von drei bis 16 Jahren und richtete ihr Augenmerk vor allem auf die lautlichen Besonderheiten ihrer Aussprache. Sie fand heraus, dass die Probanden deutlich häufiger Merkmale jüngeren Ursprungs gebrauchten als solche, die in den traditionellen rheinischen Dialekten verankert sind. Als Beispiele für diese älteren Merkmale nennt sie die *j*-Variante des *g* (wie in *jut* für *gut*), das *t* in *dat* und *wat* und das dunkle *l*. Diese Besonderheiten wurden nur von je ein bis zwei Probanden artikuliert. Viel häufiger, nämlich in 53 Prozent der Fälle, in denen dies möglich war, konnte sie die *t*-Tilgung beobachten. Diese tritt auf, wenn die Kinder und Jugendlichen *nich* statt *nicht* oder *un* statt *und* artikulierten. Dieses Phänomen lässt sich, so auch Meuter, nicht nur im Rheinischen beobachten, sondern auch als eine Variante innerhalb des Standarddeutschen beschreiben.[236] Ebenfalls recht häufig (in 31 Prozent der möglichen Fälle) stellte sie bei den Beueler Jugendlichen und Kindern die Koronalisierung fest. So wird das Phänomen bezeichnet, dass Sprecher ein *sch* (oder einen dem *sch* ähnlichen Laut) statt *ch* verwenden, also etwa *Mädschen* statt *Mädchen* sagen. Verglichen mit vorherigen Studien sei dieser Wert, so Meuter, aber deutlich niedriger als erwartet. Das könne zum einen dadurch erklärt werden, dass die Koronalisierung generell ein weniger häufiges nicht-standardsprachliches Merkmal in der Bonner Gegend sei (so auch beschrieben in Machas Siegburger Studie 1991[237]). Ein zweiter Erklärungsansatz ist der generelle Schwund nicht-standardsprachlicher Merkmale in der Sprache der Kinder und Jugendlichen im Vergleich zu erwachsenen Sprechern, der auch das schwächere Vorkommen der Koronalisierung erklären würde.[238] Ein weiteres Merkmal, das sie beschreibt, ist die Artikulation des Buchstabens *g* als *ch* in Wörtern wie *Tag* oder *Flugzeug*, das sie in 21 Prozent der möglichen Fälle beobachtet. Diese Variante ist überregional verbreitet, da sie auch in vielen anderen mitteldeutschen und niederdeutschen Dialekten beheimatet ist. Zusammenfassend ist Meuter der Ansicht, dass die Sprache der Kinder und Jugendlichen in Bonn stark von der Standardsprache beeinflusst wird. Sie geht davon aus, dass ihre Bonner Ergebnisse eine Variante des Regiolektes dokumentieren, der sich im zentralen Rheinland ausbreite.

Meuters Bonner Analysen zu den phonologischen Merkmalen, also Merkmalen der Aussprache, ergänzen die im Kapitel C vorgestellten Ergebnisse zum Wortschatz der Jugendlichen in der Bundesstadt. In beiden Erhebungen wird das weitgehende Fehlen dialektaler Merkmale festgestellt, für die Ebene der Lautung wie für den Wortschatz. Die Jugendlichen (und bei Meuter auch die Kinder) bedienen sich eher weiträumiger regionaler Sprachattribute, die zu Varianten des zentralrheinischen Regiolektes gerechnet werden dürften.

Schluss

Am Beginn der Untersuchung stand eine Fülle von Fragen, die den verschiedensten Facetten der Sprache innerhalb der Stadt Bonn galten. Zunächst war das Augenmerk auf den Dialekt, genauer: auf die Unterschiede innerhalb des Bönnschen, gerichtet (Kapitel A). Eine These, die sich auf ältere Sprachdaten stützte, lautete: Es gibt (immer noch) geographische Sprachunterschiede innerhalb der Stadtgrenzen, soweit es den Dialekt Bonns betrifft. Die Ergebnisse zeigten, dass man hier differenzieren muss. Eindeutige areale Varianz besteht im heutigen Bönnsch insbesondere bei den untersuchten Bezeichnungen für den ‚Kesselskuchen‘ und für die ‚Stachelbeere‘. Hier gibt es eine große Vielfalt und jeweils Bezeichnungen, die sich klar einzelnen Stadtgebieten zuordnen lassen. Bei den Synonymen für die ‚Delle‘ fällt das Repertoire der Bonner zwar schmaler aus (*Blötsch* und *Plötsch*), dennoch gibt es auch hier eine klare Verteilung, in diesem Fall in eine Nord- und eine Süd-Variante. Bei ‚Stachelbeere‘ bestehen Vergleichsmöglichkeiten zu früheren Erhebungen. Die Daten der Fragebögen zum „Rheinischen Wörterbuch" von 1920 ergeben für die Stachelbeer-Bezeichnungen ein mit dem aktuell erhobenen Material übereinstimmendes Bild: Die einzelnen Varianten konnten sich in den vergangenen neun Jahrzehnten behaupten und verteilen sich im Bönnschen immer noch auf bestimmte Stadtteile. Wenn jemand *Krünschele* oder *Krükele* benutzt, lässt sich also nach wie vor erschließen, aus welchem Teil der Stadt er kommt. Anders fällt das Ergebnis bei den Lautvarianten von ‚Woche‘ aus. Hier ist der Lautreichtum von 1884, der *Woch, Wauch, Wäch* und *Weich* in einer bestimmten räumlichen Verteilung in Bonn belegt, heute nicht mehr vorhanden. Es gilt nun flächendeckend *Woch*. Nur vereinzelte Restkenntnisse der alten Varianten ließen sich 2011 noch bei den Plattsprechern in den jeweiligen Stadtteilen erheben. Auch die zahlreichen Bezeichnungen, die 1920 für ‚Huckepack tragen‘ und 1930 für ‚Frosch‘ und ‚Kröte‘ dokumentiert wurden, sind heute im Bönnschen kaum noch auszumachen – weder in ihrer ursprünglichen räumlichen Verteilung noch überhaupt in dieser Vielfalt. Hier hat sich offensichtlich stets nur eine Variante durchsetzen können, die anderen gerieten in den Hintergrund.

Dass es an anderen Stellen im Bönnsch-Vokabular aber durchaus noch großen Variantenspielraum gibt, zeigen die Ergebnisse für ‚jemanden untertauchen (z. B. im Schwimmbad)‘ und ‚etwas eintauchen (z. B. Gebäck in den Kaffee)‘. Hier nennen die Plattsprecherinnen und -sprecher gleich drei bzw. fünf häufige Bezeichnungen, die zum Teil für beide, zum Teil auch nur für eine der Bedeutungen gelten: *ducke, döfe, döppe, stippe, tunke* und *zoppe* sind die häufigsten.

Es ist faszinierend, dass sich bis heute auffällige räumliche Unterschiede innerhalb des Bönnschen gehalten haben. Die Vielfalt anderer Bezeichnungen folgt zwar keiner geographischen Ordnung, kann in Bonn aber immerhin eindrucksvoll belegt werden. Ja, das Bönnsche hat sich verändert in den vergangenen 125 Jahren; an einigen Punkten ist ein Rückgang an Varianz zu verzeichnen, während die Sprecher bei anderen Begriffen mit umso mehr Synonymen aufwarten können. Wie Sprachwandel genau funktioniert, welche Kriterien es sind, die manche Wörter überdauern lassen und andere verdrängen, darüber kann nur gemutmaßt werden. Einer der Faktoren kann immer die Übernahme aus benachbarten Dialekten bzw. Regiolekten und aus der Standardsprache sein. Dass für das Bönnsche der Trend von der Vielfalt wegführt, kann so pauschal auf keinen Fall gesagt werden. Es würde sich lohnen, einen genaueren Blick auf weitere Begriffe des Bonner Dialekts zu werfen. Anzunehmen ist, dass das Variantenspektrum für die hier vorgestellten und auch für andere Begriffe nicht nur in Bonn so reich ist, so dass ähnliche Beobachtungen sicherlich auch in anderen Städten gemacht werden könnten.

Ausgehend von früheren Erhebungen des ILR zum Regiolekt sollte im Anschluss untersucht werden, ob in Bonn generationenabhängige Varianz in dieser Sprachform zu verzeichnen sei (Kapitel B). Würden sich auch im Regiolekt Prozesse von Sprachwandel beobachten lassen? Wenn man die Bonner Ergebnisse der ältesten Altersgruppe (Jahrgänge 1928 bis 1956) und der jüngsten (1977 bis 1990) miteinander kontrastiert, treten zum Teil immense sprachliche Unterschiede hervor. Die jungen Bonner tendierten dazu, im Regiolekt standardsprachliche Varianten (*Regenrinne, Delle, Murmeln, tunken, schummeln* etc.) zu gebrauchen. Aus dem Dialekt stammende Bezeichnungen gehören nur noch in reduziertem Umfang in ihr Repertoire (*Kalle, Plötsch/Blötsch, zoppen, fuschen* etc.). Diese Wörter sind hingegen noch Teil des gängigen Regiolekt-Wortschatzes der älteren Sprecherinnen und Sprecher in Bonn. Darunter fallen zum Teil auch Varianten, die ursprünglich aus einem anderen Dialekt als dem Bönnschen stammen, wie *Speicher* und *knibbeln*. Gerade diese überregionalen Bezeichnungen, die sich erst in jüngerer Vergangenheit bis nach Bonn hin ausgebreitet haben, sind auch den jungen Leuten ein Begriff. Das regionale „Trendwort" *hibbelig*, das ebenfalls nicht dem Bönnschen entsprungen ist, wird von den jungen Bonnern deutlich häufiger genannt als von den älteren. Diesen Wandel im Regiolekt – der sich hier im Kontrast zwischen dem Wortschatz junger und alter Sprecher zeigt – beobachtete auch Georg Cornelissen in den 2002 und 2005 durchgeführten Erhebungen für das gesamte Rheinland[239]. Eine fortschreitende Entdialektalisierung des Regiolektes wie in Bonn ist demnach auch in anderen Städten des Rheinlandes im Gange. Bei solchen Ergebnissen drängt sich natürlich die Frage nach den Zukunftsaussichten für den Regiolekt auf. Wenn der Trend hier stark in Richtung Standardsprache geht – wo bleibt dann das Regionale im Bonner Deutsch?

Zwei Wege, um der Frage nach der Vitalität des Regiolektes nachzugehen, bieten sich über die Sprache der Jugendlichen und über die Sprache der Zugezogenen an. Kombiniert wurden beide Fragestellungen im dritten und letzten Erhebungsschritt, als untersucht wurde, wie viel Regionales im Wortschatz Bonner Schüler mit und ohne Migrationshintergrund zu finden ist (Kapitel C).

Zusammenfassend lassen sich die Ergebnisse als durchweg wenig regional beschreiben. Die bei den jungen Erwachsenen (im vorherigen Erhebungsschritt) noch vorhandene Kompetenz ist bei den Bonner Jugendlichen ohne Migrationshintergrund bis auf wenige Reste sehr stark geschwunden. Das ließ sich beobachten bei Wörtern wie *döppen, zoppen, fuschen* oder *Klicker* und *(Dach-) Kalle*. Und selbst die bei den jungen Erwachsenen noch hoch im Kurs stehenden regionalen ,In-Wörter' *Speicher* und *hibbelig* haben bei den hiesigen Jugendlichen stark an Beliebtheit einbüßen müssen. Diese greifen nun viel eher zu einem Wort aus der Standard- oder aus der Jugendsprache. Die gleiche Beobachtung lässt sich auch bei den Grüßen zur Verabschiedung machen: Das regionale *tschö* scheint seltener gebraucht zu werden als das in ganz Deutschland verbreitete *tschüs*. Jugendsprachliche Abschiedsgrüße wie *hauste (rein)* und *hade* verdrängen ortstypische Grußformeln. Regionale Varianten haben es, was den Modefaktor in der Sprache der Jugendlichen angeht, eindeutig nicht leicht. Sie gehören, wenn überhaupt, eher dem passiven Wortschatz an, werden also verstanden, aber kaum noch verwendet.

Diese Vermutung bestätigt auch das weitestgehende Fehlen der regionalen Varianten in den Antworten der Schüler mit Migrationshintergrund. Wären Wörter wie *fuschen* oder *döppen* im täglichen Gespräch der Jugend zu hören, hätten sie auch Eingang gefunden in den Wortschatz der Mitschüler mit Deutsch als Zweitsprache. Abgesehen von einigen Stimmen für *Speicher* oder *hibbelig* (25 Prozent) nennen die Jugendlichen mit zweisprachigem Hintergrund aber allein standard- bzw. jugendsprachliche Bezeichnungen. Das ist auch bereits der größte Unterschied zwischen beiden Gruppen. Denn abgesehen davon ähnelt sich ihr Wortschatz sehr stark, auch hinsichtlich ihrer Vorlieben für bestimmte Ausdrücke: Wörter wie *geil, super, hey, hi, tschüs, hade* oder *hau rein* sind in beiden Gruppen vertreten.

Im zweiten Teil der Jugendlichenbefragung wurde gezielt die Kompetenz in Sachen ursprünglich dialektaler Wortschatz getestet. Die Ergebnisse bestätigten weitgehend, was im vorherigen Teil festgestellt wurde: Der großen Mehrzahl der befragten Schüler – mit oder ohne Migrationshintergrund – waren elf von 15 vorgelesenen Wörtern ein Rätsel – die angemessene Erklärung von Bezeichnungen wie *stippen*, *Klicker*, *schnösen*, *zoppen* oder *Kuckeleboom* war hier der Ausnahmefall. Lediglich vier dieser Wörter (*Köpper*, *piddeln*, *Plümmo* und *knibbeln*) waren einer Mehrheit der Schülerinnen und Schüler ohne Migrationshintergrund ein Begriff. In der Gruppe der Jugendlichen mit Migrationshintergrund sind die Bekanntheitswerte dieser Wörter deutlich geringer. Wenn ihnen Regionalismen vertraut sind, dann sind es eben jene Wörter, die auch allen einsprachigen Mitschülern noch gut bekannt sind.

In seiner Essener Spracherhebung, bei der ebenfalls Jugendliche mit und ohne Migrationshintergrund Rede und Antwort standen, kommt Georg Cornelissen zu ähnlichen Ergebnissen. Auch hier lag die Kompetenz der Jugendlichen mit ausländischen Wurzeln bei den ursprünglichen Dialektbezeichnungen stets deutlich unter jener der einsprachigen Gruppe, wobei der Abstand von Frage zu Frage schwankte.[240] Hohe Verwendungswerte bei den jungen Leuten mit Migrationshintergrund erzielten – ebenso wie in der vorliegenden Studie – unter anderem die Lexeme *hibbelig* und *Köpper*. Nach Jan Goossens haben gerade solche Dialektwörter gute Chancen, in die Umgangssprache übernommen zu werden, die großräumig verbreitet sind.[241] Dieser Zusammenhang gilt, wie die Essener[242] und Bonner Ergebnisse zeigen, auch für die Umgangssprache der Jugendlichen mit Migrationshintergrund.

Sprachliche Vielfalt prägt also die Großstadt Bonn – allerdings stellt sich dieser Reichtum an Varianten und damit an Wahlmöglichkeiten für die einzelnen Generationen ganz unterschiedlich dar. Wer bereits älter und mit dem Dialekt Bonns aufgewachsen ist, dessen Sprache wird noch durch den Stadtteil geprägt, in dem er großgeworden ist. Bönnsch ist nicht gleich Bönnsch, wer *Krünschele* sagt, muss nicht *Krükele* sagen. Jenseits des Bönnschen Dialekts wird die sprachliche Vielfalt greifbar im Vergleich der Altersgruppen und im Vergleich der Bonner Jugendlichen ohne und mit Migrationshintergrund: Das jeweilige Repertoire an regionalen und standarddeutschen Varianten hängt erkennbar vom Lebensalter und von der Sprachsituation zuhause ab. Wenn junge Leute heute *dippen* und nicht mehr *zoppen* oder wenn sie *frazen* statt *schnösen* (‚naschen‘), eröffnen sich ganz neue Dimensionen der sprachlichen Vielfalt in Bonn.

Literaturverzeichnis

Bhatt, Christa / Alice Herrwegen (2009): Das Kölsche Wörterbuch. Kölsche Wörter von A-Z, 3., überarbeitete und erweiterte Auflage, Köln.

Bluhm, Detlef / Rainer Nitsche (Hrsg.) (1998): Bonn. Viel größer als ich dachte. Ein literarischer Umzug, Berlin.

Bubner, Rudolf Helmut (1935/1974): Untersuchungen zur Dialektologie des Bergischen Landes zwischen Agger und Dhünn (= Deutsche Dialektgeographie, 24), Marburg, (Reprint: Vaduz).

Bücher, Johannes (1987): Bonn-Beueler Sprachschatz, 2., durchgesehene Auflage, Köln.

Cornelissen, Georg (2000): Das ai in Taisch ‚Tasche‘. Die Verbreitung einer auffälligen Lautentwicklung in den Dialekten des Rheinlandes. In: Volkskultur an Rhein und Maas 18, Heft 1, S. 37-45.

Cornelissen, Georg (2002): Muster regionaler Umgangssprache. Ergebnisse einer Fragebogenerhebung im Rheinland. In: Zeitschrift für Dialektologie und Linguistik 69 (2002), S. 275-313.

Cornelissen, Georg (2004): Zum Regiolekt junger Leute im Rheinland. In: Helen Christen (Hrsg.) (2004): Dialekt, Regiolekt und Standardsprache im sozialen und zeitlichen Raum. Beiträge zum 1. Kongress der Internationalen Gesellschaft für Dialektologie des Deutschen, Marburg/Lahn, 5.-8. März 2003: Sektion Dialektsoziologie, Wien, S. 179-198.

Cornelissen, Georg (2005): Rheinisches Deutsch. Wer spricht wie mit wem und warum, Köln.

Cornelissen, Georg (2008a): Areale Strukturen und generationenabhängige Varianz auf Regiolektkarten des Rheinlandes. In: Stephan Elspaß / Werner König (Hrsg.) (2008): Sprachgeographie digital. Die neue Generation der Sprachatlanten (= Germanistische Linguistik, 190-191), Hildesheim u.a., S. 53-72; 246-253 (Anhang).

Cornelissen, Georg (2008b): Meine Oma spricht noch Platt. Wo bleibt der Dialekt im Rheinland? Köln.

Cornelissen, Georg (2011a): Lexikalische Variation in der Alltagssprache der Stadt Essen. Was die Gewährsleute 2009 dazu meinten. In: Niederdeutsches Jahrbuch 134 (2011), S. 93-112.

Cornelissen, Georg (2011b): Dialekt und Alltagsdeutsch. Die Situation in Burgbrohl und Umgebung. In: Burg – Bach – Tal. Burgbrohl 900 Jahre. Hrsg. von Kurt Degen, Burgbrohl, S. 617- 628.

Das Kochbuch aus Bonn (1988). Küchenschätze aus alter Zeit. Zusammengetragen von Angelika Ruge-Schatz und Hildegund Schloßmacher, Münster.

Debus, Friedhelm (1962): Zwischen Mundart und Hochsprache. Ein Beitrag zur Stadtsprache – Stadtmundart und Umgangssprache. In: Zeitschrift für Mundartforschung 29 (1962), S. 1-43.

Deutscher Wortatlas (1956–1980). Von Walther Mitzka und [ab Band 5] Ludwig Erich Schmitt. [Ab Band 18:] Redigiert von Reiner Hildebrandt, Gießen.

Dietz, Josef (1951): Lachende Heimat, Schwänke und Schnurren aus dem Bonner Land, Bonn.

Dingeldein, Heinrich J. (1997): Sprachvarietät in „Mitteldeutschland". Gebrauch und Räumlichkeit. In: Stickel, Gerhard (Hrsg.) (1997): Varietäten des Deutschen. Regional- und Umgangssprachen (= IdS Jahrbuch 1997), Berlin und New York, S. 109-141.

Döring, Alois (2001) (Hrsg.): Faszination Nikolaus. Kult, Brauch und Kommerz, Essen.

Döring, Alois (2007): Rheinische Bräuche durch das Jahr, 2. Auflage, Köln.

Duden (1986): Rechtschreibung der deutschen Sprache und der Fremdwörter. Hrsg. von der Dudenredaktion. Auf der Grundlage der amtlichen Rechtschreibregeln (= Duden 1), 19., neu bearbeitete und erweiterte Auflage, Mannheim u.a.

Duden (1991): Die deutsche Rechtschreibung. Hrsg. von der Dudenredaktion (= Duden 1), 20., völlig neu bearbeitete und erweiterte Auflage, Mannheim u.a.

Duden (2009): Die deutsche Rechtschreibung. Hrsg. von der Dudenredaktion. Auf der Grundlage der aktuellen amtlichen Rechtschreibregeln (= Duden 1), 25., völlig neu bearbeitete und erweiterte Auflage, Mannheim.

Eichhoff, Jürgen (1977-2000): Wortatlas der deutschen Umgangssprachen. Bände 1-4, Bern und München. (WDU).

Ehmann, Hermann (1992): Jugendsprache und Dialekt. Regionalismen im Sprachgebrauch von Jugendlichen, Opladen.

Ehmann, Hermann (2001): Voll konkret. Das neueste Lexikon der Jugendsprache, München.

Elspaß, Stephan / Robert Möller (2003ff.): Atlas zur deutschen Alltagssprache (AdA). Online einsehbar unter: www.uni-augsburg.de/alltagssprache (Zuletzt eingesehen: 14.02.2012).

Fellsches, Josef (2008): Duisburger Wortschätzchen, 4. Auflage, Duisburg.

Friesdorfer Kochbuch (1986). Hrsg. von der Kath. Öffentlichen Bücherei St. Servatius Friesdorf, Bonn.

Goossens, Jan (1979): Zum Verhältnis von mundartlichem und umgangssprachlichem Wortschatz in Niederdeutschland. In: Wolfgang Kramer / Ulrich Scheuermann / Dieter Stellmacher (Hrsg.): Gedenkschrift für Heinrich Wesche, Neumünster, S. 39-51.

Grimm, Brüder (1837): Der Froschkönig oder der eiserne Heinrich. In: Kinder und Hausmärchen. Große Ausgabe. Göttigen: Dichterische Buchhandlung, S. 1-6. Online einsehbar unter: http://de.wikisource.org/wiki/Der_Froschk%C3%B6nig_oder_der_eiserne_Heinrich_(1837) (Zuletzt eingesehen: 02.02.2012).

Heizmann, Berthold, unter Mitarbeit von Dagmar Hänel (2011): Von Apfelkraut bis Zimtschnecke. Das Lexikon der rheinischen Küche. Illustriert von Thomas Plaßmann, Köln.

Hemmersbach, Fritz (1968): ‚Kuggel‘, ein fast vergessenes Freitagsgericht. In: Kerpener Heimatblätter 17 (1968), S. 362-363.

Henrichs, Winfried (1992): Mülheim-Kärlicher Mundart. Mie schwätze Plat, Mülheim-Kärlich.

Honnen, Peter (2010): Klüngeln unbekannt. Wie rheinisch sprechen Bonner Schüler und Schülerinnen? In: Alltag im Rheinland (2010), S. 60-63.

Honnen, Peter (2012): Kappes, Knies und Klüngel. Regionalwörterbuch des Rheinlandes, 7., überarbeitete und erweiterte Auflage, Köln.

Kinkel, Johanna (1849): Dä Hond on dat Eechhohn. Ä Verzellche für Blahge, Bonn.

Kluge (2011). Etymologisches Wörterbuch der deutschen Sprache. Bearbeitet von Elmar Seebold, 25., durchgesehene und erweiterte Auflage, Berlin und New York.

Kraeber, Hannelore (1992): Neues Wörterbuch der Koblenzer Mundart, 2. Auflage, Koblenz.

Küpper, Heinz (1993): Wörterbuch der deutschen Umgangssprache, Stuttgart und Dresden.

Labov, William (1966): The Social Stratification of English in New York City, Washington D.C.

Lausberg, Helmut / Robert Möller (2000): Rheinischer Wortatlas, Bonn.

Lenz, Alexandra N. (2003): Struktur und Dynamik des Substandards. Eine Studie zum Westmitteldeutschen (Wittlich/Eifel) (= Zeitschrift für Dialektologie und Linguistik, Beihefte, 125), Stuttgart.

Macha, Jürgen (1991): Der flexible Sprecher. Untersuchungen zu Sprache und Sprachbewusstsein rheinischer Handwerksmeister, Köln.

Macha, Jürgen (2000): Nordrheinische Sprachgeschichte im 20. Jahrhundert. In: Jürgen Macha / Elmar Neuss / Robert Peters (Hrsg.) (2000): Rheinisch-Westfälische Sprachgeschichte. Unter Mitarbeit von Stephan Elspaß (= Niederdeutsche Studien, 46), Köln u.a., S. 293-313.

Macha, Jürgen (2004): Regionalsprachliche Varietäten des Deutschen und ihre Dynamik. In: Der Deutschunterricht 56 (2004), S. 18-25.

Mattheier, Klaus J. (1994): Die rheinische Sprachgeschichte und der „Maikäfer". In: Marlene Nikolay-Panter / Wilhelm Janssen / Wolfgang Herborn (Hrsg.) (1994): Geschichtliche Landeskunde der Rheinlande. Regionale Befunde und raumübergreifende Perspektiven. Georg Droege zum Gedenken, Köln u.a., S. 534-561.

Meuter, Anne (2008): The emergence of structured variation in the speech of children and adolescents in Bonn, Germany. PhD Thesis Essex University. Einsehbar unter: http://www.essex.ac.uk/linguistics/publications/theses/PDFs/2000-2009/2008/Anne_Meuter.pdf (Zuletzt eingesehen: 21.12.2012)

Mihm, Arend (2000): Die Rolle der Umgangssprachen seit der Mitte des 20. Jahrhunderts. In: Besch, Werner [u.a.] (Hrsg.) (2000): Sprachgeschichte. Ein Handbuch zur Geschichte der deutschen Sprache und ihrer Erforschung, 2. Teilband, 2., vollständig neu bearbeitete und erweiterte Auflage (Handbücher zur Sprach- und Kommunikationswissenschaft, 2.2.), Berlin und New York, S. 2107-2137.

Möller, Robert (2003): Das rheinische *tschö*. In: Rheinische Vierteljahrsblätter 67 (2003), S. 333-339.

Möller, Robert (2006): Mögliches und Unmögliches zwischen Dialekt und Standard. In: Osnabrücker Beiträge zur Sprachtheorie (OBST) 71 (2006), S. 101-117.

Munske, Horst Haider (1983): Umgangssprache als Sprachenkontakterscheinung. In: Besch, Werner [u.a.] (Hrsg.) (1983): Dialektologie. Ein Handbuch zur deutschen und allgemeinen Dialektforschung, 2. Halbband (Handbücher zur Sprach- und Kommunikationswissenschaft, 1.2.), Berlin und New York, S. 1002-1018.

Müller, Hans Paul (2012): Das isst Beuel. Eine kleine Kulturgeschichte des Essens in Beuel, garniert mit Rezepten, wat die Schifferschwestern esu alles im Kochpott han, Bonn.

Müller, Wilhelm (1912): Untersuchungen zum Vokalismus der stadt- und landkölnischen Mundart, Bonn.

Münch, Ferdinand (1904): Grammatik der ripuarisch-fränkischen Mundart, Bonn.

Neuland, Eva (2007): Mehrsprachig – kontrastiv – interkulturell: Zur Heterogenität und Typizität von Jugendsprachen. In: Eva Neuland (Hrsg.) (2007): Jugendsprachen: mehrsprachig – kontrastiv – interkulturell, Frankfurt am Main, S. 11-30.

Oehl, Jürgen (1983): Der Döppekoche. In: Heimatjahrbuch Neuwied 1983, S. 102-104.

Prothmann, Ottmar (2009): Grafschafter Wortschatz. Mundartwörterbuch von Birresdorf, Leimersdorf, Niederich und Oeverich, Bergisch Gladbach.

Rheinisches Wörterbuch (1928-1971). Bearbeitet und hrsg. von Josef Müller [u.a.] 9 Bände, Bonn und Berlin. Online einsehbar unter: http://woerterbuchnetz.de/RhWB/ (Zuletzt eingesehen: 02.02.2012). (RhWB)

Rosenberg, Peter (1993): Dialekt und Schule. Bilanz und Aufgaben eines Forschungsgebiets. In: Peter Klotz / Peter Sieber (Hrsg.) (1993): Vielerlei Deutsch. Umgang mit Sprachvarietäten in der Schule, Stuttgart u.a., S. 12-58.

Rüdebusch, Frauke (2012): Hallo und Tschüs. Online einsehbar unter: http://www.gfds.de/publikationen/der-sprachdienst/zeit-woerter/hallo-und-tschues (Zuletzt eingesehen: 25.01.2013).

Ruland, Josef: Brauchtum, Feste und Alltag in Bonn. In: Dietrich Höroldt / Manfred van Rey (Hrsg.) (1986): Bonn in der Kaiserzeit 1871-1914. Festschrift zum 100jährigen Jubiläum des Bonner Heimat- und Geschichtsvereins, Bonn, S. 421-430.

Schmidt, Jürgen Erich / Joachim Herrgen (2011): Sprachdynamik. Eine Einführung in die moderne Regionalsprachenforschung (= Grundlagen der Germanistik, 49), Berlin.

Schmidt, Jürgen Erich / Joachim Herrgen (Hrsg.) (2001ff.): Digitaler Wenker Atlas (DiWA). Bearbeitet von Alfred Lameli [u.a.] Erste vollständige Ausgabe von Georg Wenkers „Sprachatlas des Deutschen Reichs". [...] Online einsehbar unter: http://www.3.diwa.info/titel.aspx (Zuletzt eingesehen: 02.02.2012).

Wahrig (2008). Deutsches Wörterbuch. Hrsg. von Renate Wahrig-Burfeind. Mit einem Lexikon der Sprachlehre, Gütersloh und München.

Weffer, Herbert (2000): Von aach bes zwöllef. Ein bönnsches Wörterbuch, Bonn.

Wiese, Heike (2012): Kiezdeutsch. Ein neuer Dialekt entsteht, 2., durchgesehene Auflage, München.

Wrede, Adam (2010): Neuer Kölnischer Sprachschatz. Mit einer Einführung von Peter Honnen, 13. Auflage und Sonderausgabe in einem Band, Köln.

Anmerkungen

[1] Bücher 1987.

[2] Weffer 2000.

[3] Vgl. Labov 1966.

[4] Zitiert nach Ruland 1986, S. 429.

[5] Zitiert nach Bluhm/Nitsche 1998, S. 34.

[6] Zitiert nach Mattheier 1994.

[7] Vgl. Mattheier 1994, S. 554.

[8] Ebd., S. 557.

[9] Vgl. http://www.3.diwa.info/Geschichte/Fragebogen.aspx (07.09.2012).

[10] Online vollständig einsehbar unter: www.3.diwa.info (09.05.2012).

[11] Vgl. ebd.

[12] Ebd. (In diesem Jahr wurden die Fragebögen ins Rheinland gesandt).

[13] Einsehbar im Archiv des Rheinischen Wörterbuchs der ‚Arbeitsstelle Rheinische Sprachforschung' der Universität Bonn.

[14] Müller 2012, S. 66.

[15] Vgl. *Knall*, Rheinisches Wörterbuch (fortan als RhWB zitiert), Bd. 4, Sp. 845.

[16] Vgl. *Düppen*, RhWB, Bd. 1, Sp. 1569.

[17] Vgl. *Tiegel*, RhWB, Bd. 8, Sp. 1181.

[18] Aus: Das Kochbuch aus Bonn, S. 26f.

[19] Vgl. *Kesselbrot*, RhWB, Bd. 4, Sp. 437f.

[20] Z. B. Das Kochbuch aus Bonn, S. 26.

[21] Nur ein erhobener Beleg war mit Artikel versehen: *dä Kuggel*.

[22] Hemmersbach 1968, S. 362.

[23] Heizmann 2011, S. 23.

[24] Friesdorfer Kochbuch, S. 36-39. Unter *Knüles* wird sowohl die süße als auch die herzhafte Variante aufgeführt. Das Rezept für *Düppekuchen* unterscheidet sich nur geringfügig davon.

[25] Einsehbar im Archiv des Rheinischen Wörterbuchs der ‚Arbeitsstelle Rheinische Sprachforschung' der Universität Bonn.

[26] RhWB, Bd. 4, Sp. 1066f. (Karte IV 26).

[27] Vgl. Lausberg/Möller 2000, Karte 7.

[28] Leicht verändert, vgl. *Blütsche*, RhWB, Bd. 1, Sp. 812.

[29] Die Ergebnisse sind in Kreisen und kreisfreien Städten zusammengefasst. Aachen und der Kreis Aachen bilden inzwischen die StädteRegion Aachen.

[30] Vgl. Prothmann 2009, Kraeber 1992 und Henrichs 1992.

[31] Vgl. Wrede 2010 und Bhatt/Herrwegen 2009.

[32] Vgl. Kraeber 1992, S. 80.

[33] *Plötsch*: 7%; *Blötsch*: 3%; *Dotz*: 6%; *Hoen/Höenche*: 5%.

[34] Z. T. leicht verändert, vgl. *Blütsche*, RhWB, Bd. 1, Sp. 812.

[35] Oft auch *Öllesch-* geschrieben.

[36] Dargestellt sind die häufigsten Bezeichnungen sowie der Anteil an den Gewährspersonen, die diese nannten (inklusive Mehrfachnennungen), in Prozent.

[37] Vgl. *Üllichspfeife*, RhWB, Bd. 9, Sp. 40.

[38] Leicht veränderte Schreibweise.

[39] Z. T. leicht veränderte Schreibung (jetzt und im Folgenden bei Bücher 1987). Bücher 1987, S. 493 und 736.

[40] http://www.kg-oelligspiefe.de (27.01.2012).

[41] Vgl. *Üllichspfeife* und *Üllichskopf*, RhWB, Bd. 9, Sp. 40.

[42] Dazu werden auch *Lauch, Looch* und *Loof* gezählt. Insgesamt kommen alle Bezeichnungen, die dem Typus *Schnittlauch* zugeordnet werden können, auf 63 Prozent aller Nenunngen.

[43] Kluge/Seebold 2011, S. 821.

[44] Vgl. Lausberg/Möller 2000, Karte 3.

[45] Weffer 2000, S. 144 und Bücher 1987, S. 736.

[46] Die Fragebogen-Erhebung zum DWA fand zwischen 1938 und 1942 statt [http://www.diwa.info/Geschichte/RolleDesWenkeratlasses.aspx].

[47] Deutscher Wortatlas, Bd. 17, Karte 12 und 13.

[48] Vgl. *Biese* II, RhWB, Bd 1, Sp. 681.

[49] „Kein Aprilscherz: Bonner Advent ist die Pflanze des Monats." Pressemitteilung der Uni Bonn vom 23.03.2007: http://www3.uni-bonn.de/Pressemitteilungen/kein-aprilscherz-bonner-advent-ist-pflanze-des (03.02.2012).

[50] Vgl. *Breitlauch*, RhWB, Bd 1, Sp. 960.

[51] Zahlen in Klammern: Prozentwerte der Nennungen.

[52] http://kochtopf.twoday.net/stories/blog-event-lxxiv-tunken (26.01.2012).

[53] Vgl. *Zoppe*, RhWB, Bd. 9, Sp. 827.

[54] Vgl. Honnen 2012, S. 254.

[55] Vgl. Duden 2009, S. 1025.

[56] Vgl. *tunken*, RhWb, Bd. 8, Sp. 1461.

[57] Vgl. Wrede 2010, S. 1119.

[58] Vgl. Kluge/Seebold 2011, S. 899.

[59] Leicht veränderte Schreibung, vgl. *zoppen*, RhWB, Bd. 9, Sp. 829.

[60] Vgl. *stippen* III, RhWB, Bd. 8, Sp. 707.

[61] Anzahl der Nennungen in Klammern (absolute Zahlen). Die Gesamtanzahl aller Nennungen liegt für diese Frage bei 212 (10 Nennungen entsprechen etwa 5%).

[62] Vgl. Wrede 2010, S. 150; Bhatt/Herrwegen 2009, S. 223.

[63] Kluge/Seebold 2011, S. 220.

[64] Vgl. Cornelissen 2005, S. 113. Die dortige Karte wurde modifiziert.

[65] Vgl. Ergebnisse des IRL-Fragebogens 9 (2011) zum Dialekt: PLZ-Gebiet 56: *tungel/dunge* 54%, *zoppe* 12%.

[66] Vgl. http://www.3.diwa.info/Geschichte/Fragebogen.aspx (07.09.2012).

[67] Ebd. (07.09.2012).

[68] Alle Fragebögen sind unter: http://www.3.diwa.info/Wenkerbogen/Katalog.aspx einsehbar.

[69] Hier in den Singular gesetzt.

[70] Schmidt/Herrgen 2001ff. Online eingesehen unter: www.3.diwa.info (11.05.2012).

[71] Cornelissen 2000, S. 38.

[72] Leicht abweichende Schreibweise bei Cornelissen: *Taisch*.

[73] Vgl. Mattheier 1994, S. 554.

[74] Vgl. Debus 1962, S. 18.

[75] Dietz 1951, S. 100.

[76] Bubner 1935, S. 181.

[77] ‚Nach Weihnachten tragen sich die Feiertage huckepack' (Redewendung aus Oberdollendorf), leicht verändert. Vgl. *packläuschen*, RhWB, Bd. 6, Sp. 451.

[78] Einsehbar im Archiv des Rheinischen Wörterbuchs in der ‚Arbeitsstelle Rheinische Sprachforschung' der Universität Bonn. Vgl. hierzu auch S. 29 im vorliegenden Buch.

[79] Vgl. auch Karte III 2 (‚huckepack tragen'), RhWB, Bd. 3, Sp. 47f. Dazu auch: *Buckel*, RhWB, Bd. 1, Sp. 1080.

[80] Duden 2009, S. 552.

[81] Kluge/Seebold 2011, S. 428.

[82] Bücher 1987, S. 452.

[83] Ebd., S. 337 und S. 205.

[84] Eine von insgesamt zwei Nennungen im Bereich Nord.

[85] Vgl. *Hackeläuse*, RhWB, Bd. 3, Sp. 52.

[86] Vgl. Karte N 11 (‚Burzelbaum'), RhWB, Bd. 9, Sp. 1083f.

[87] Dietz 1951, S. 65.

[88] Brüder Grimm 1837, S. 2 („Der Froschkönig").

[89] Volksglaube an der östlichen Nahe (Fluss in Rheinland-Pfalz). Vgl. *Krutte*, RhWB, Bd. 4, Sp. 1621.

[90] Volksglaube aus der Nähe von Siegen. Vgl. *Frosch*, RhWB, Bd. 2, Sp. 829.

[91] Vgl. ebd., Sp. 826.

[92] Oder eine Variante davon.

[93] In der folgenden Frage nach der ‚Kröte' gab die Person *Krat* an.

[94] Plural von *Kraat*.

[95] Vgl. *Krade*, RhWB, Bd. 4, Sp. 1324.

[96] Vgl. Schmidt/Herrgen 2011, S. 340.

[97] Vgl. Lenz 2003, S. 250ff.

[98] Möller 2006, S. 108.

[99] Vgl. Cornelissen 2005, S. 30.

[100] Mihm 2000, S. 2110. S. zur Diskussion zum Begriff ‚Umgangssprache‘ auch Munske 1983.

[101] Eichhoff 1977-2000, Bd. 1, S. 10.

[102] Schmidt/Herrgen 2011, S. 255.

[103] Einsehbar unter: www.uni-augsburg/alltagssprache (14.02.2012).

[104] Vgl. hierzu: Cornelissen 2004; 2005; 2008a.

[105] Cornelissen 2008, S. 69.

[106] Duden 2009 (25. Auflage), S. 889.

[107] Duden 1986 (19. Auflage), S. 192.

[108] Ebd., S. 570.

[109] Duden 1991 (20. Auflage), S. 591.

[110] *Regenrinne*: 2.170.000; *Dachrinne*: 973.000 (Stand 07.03.2012).

[111] So gesehen bei einer Bedachungsgesellschaft aus Bonn: http://www.koerner-koerner.de (Stand 07.03.2012).

[112] Cornelissen 2008a, S. 246.

[113] Ebd, S. 60.

[114] Eichhoff 1977-2000, Bd. 1, Karte 24.

[115] Elspaß/Möller: *Dachboden*: http://www.philhist.uni-augsburg.de/lehrstuehle/germanistik/sprachwissenschaft/ada/runde_2/f06/ (08.03.2012).

[116] http://www.duden.de/rechtschreibung/Speicher (03.04.2012).

[117] http://www.duden.de/rechtschreibung/Dachboden (03.04.2012).

[118] Vgl. Lausberg/Möller 2000, Karte 55.

[119] Vgl. Goossens 1979, S. 50.

[120] Die Diskrepanz zwischen den *Dachboddem*- bzw. *Dachboden*-Werten im Dialekt und im Regiolekt der älteren Sprecher erklärt sich wohl durch die Zahl der jeweils Befragten. Für den Dialekt steht hier das Material aus dem Teil A zur Verfügung (211), während die Regiolektdaten 26 Gewährspersonen dieser Altersgruppe zu verdanken sind. Man wird also für den Regiolekt etwas häufiger mit *Dachboden* rechnen müssen.

[121] Cornelissen 2008a, S. 248.

[122] Ebd., S. 56f.

[123] Ebd., S. 56.

[124] Kluge/Seebold 2011, S. 188.

[125] Ebd., S. XXX.

[126] Duden 2009, S. 334.

[127] Ebd.

[128] Kluge/Seebold 2011, S. 188.

[129] Duden online: http://www.duden.de/rechtschreibung/Beule (27.02.2012).

[130] Eichhoff 1977-2000, Bd. 1, S. 34.

[131] Bücher 1987, S. 290 (s. *Klicker*).

[132] Vgl. Eichhoff 1977-2000, Bd. 1, S. 14.

[133] Ebd., S. 17.

[134] Mit dem ‚Wrede' ist Adam Wredes Kölner Dialektwörterbuch gemeint.

[135] Vgl. Döring 2007, S. 386f.

[136] Döring 2007, S. 400.

[137] Vgl. Döring 2007, S. 379; Döring 2001, S. 7.

[138] Eichhoff 1977-2000, Bd. 1, Karte 46.

[139] Elspaß/Möller: *Christkind*: http://www.philhist.uni-augsburg.de/lehrstuehle/germanistik/sprachwissenschaft/ada/runde_5/f01b/ (28.02.2012)

[140] Eichhoff 1977-2000, Bd. 1, Karte 45.

[141] Elspaß/Möller: *Weihnachtsbaum*: http://www.philhist.uni-augsburg.de/lehrstuehle/germanistik/sprachwissenschaft/ada/runde_5/f01a/ (28.02.2012).

[142] Im Dialekt heißt es *zoppe* und *tunke* ohne *n* am Wortende, im Regiolekt wird dieses aber wie dem Standarddeutschen hinzugefügt.

[143] http://www.duden.de/rechtschreibung/tunken (04.04.2012).

[144] Einsehbar auf der Seite des „Digitalen Wörterbuchs der deutschen Sprache": http://www.dwds.de/?qu=tunken (04.04.2012). Doppelungen sowie Treffer für das Substantiv *Tunke* wurden aus der Rechnung subtrahiert.

[145] Sowohl *pfuschen* als auch *fuschen* sind vertreten, wobei die Bedeutung ‚betrügen' für *pfuschen* fehlt. Vgl. Duden 2009 (25. Auflage), S. 460f. und 829.

[146] Vgl. Duden 2009 (25. Auflage), S. 273.

[147] www.duden.de/rechtschreibung/fuddeln (15.05.2012).

[148] Honnen 2012, S. 84f.

[149] Vgl. Bücher 1987, S. 407.

[150] Vgl. Honnen 2012, S. 48.

[151] Vgl. *betuppen*, RhWB, Bd. 8, Sp. 1467.

[152] www.duden.de/rechtschreibung/pfuschen (24.01.2013).

[153] Vgl. *fuschen*, RhWB, Bd. 2, Sp. 928.

[154] Gewichtangaben in Stückzahlen umgerechnet. Angaben für das Jahr 2010. Quelle: Statistik des Bundesministeriums für Ernährung, Landwirtschaft und Verbraucherschutz: www.bmelv-statistik.de/de/statistisches-jahrbuch/kap-d-ernaehrungsw/ (11.05.2012).

[155] Vgl. Kluge/Seebold 2011, S. 649.

[156] Vgl. Elspaß/Möller: *naschen*: www.philhist.uni-augsburg.de/lehrstuehle/germanistik/sprachwissenschaft/ada/runde_2/f10/ (11.05.2012).

[157] www.duden.de/rechtschreibung/naschen (11.05.2012).

[158] Ebd.

[159] S. Anm. 156.

[160] Vgl. *schnäusen*, RhWB, Bd. 7, Sp. 1571.

[161] Vgl. Bücher 1987, S. 378.

[162] Vgl. *schnuppen*, RhWB, Bd. 7, Sp. 1672.

[163] Vgl. *schnucken* II, RhWB, Bd. 7, Sp. 1659.

[164] www.duden.de/rechtschreibung/Schnuckelchen (14.05.2012).

[165] Hier ist die Sprache, also der Bonner Dialekt, gemeint.

[166] Einträge *schnuppen* können nicht von solchen unterschieden werden, die die *(Stern-)Schnuppen* meinen.

[167] Bücher 1987, S. 294.

[168] Vgl. *knibbeln* III, RhWB, Bd. 4, Sp. 928.

[169] Bücher 1987, S. 38 (Stichwort ‚arbeiten‘), S. 288 (Stichwort ‚klauben‘).

[170] Vgl. *piddeln*, RhWB, Bd. 6, Sp. 822.

[171] Außerdem genannt wurde das bereits vorgegebene *kratzen* (Jüngere: drei; Ältere: sieben) und *friemeln* (Jüngere: nicht genannt; Ältere: zwei).

[172] Duden 2009 (25. Auflage), S. 626 und 833.

[173] Wahrig 2008 (8. Auflage), S. 849 und 1140.

[174] Cornelissen 2011b, S. 627.

[175] Online unter: http://www.spiegel.de/spiegel/print/d-80362922.html (06.06.2012).

[176] Vgl. http://www.dwds.de/?qu=hibbelig (06.06.2012).

[177] Duden 2009 (25. Auflage), S. 536.

[178] Vgl. RhWB, Bd. 1, Vorwort, Sp. III-XV. Sowie: RhWB, Bd. 9, Nachwort, Sp. 1853-1858.

[179] Vgl. *wibbelig*, RhWB, Bd. 9, Sp. 472.

[180] Honnen 2012, S. 93. Vgl. auch *hippen* V, RhWB, Bd. 3, Sp. 679.

[181] Vgl. *hippeln*, RhWB, Bd. 3, Sp. 680.

[182] Fellsches 2008, S. 63.

[183] Vgl. u. a. Dingeldein 1997, S. 131; Macha 2000, S. 312f.; Cornelissen 2008b, S. 112ff.

[184] Vgl. Rosenberg 1993, S. 14.

[185] Vgl. Macha 2000, S. 296.

[186] Ebd.

[187] Vgl. ebd.

[188] Im Folgenden steht die Abkürzung „oM“ für ‚ohne Migrationshintergrund‘.

[189] Im Folgenden steht die Abkürzung „mM“ für ‚mit Migrationshintergrund‘.

[190] Cornelissen 2008a, S. 56.

[191] Außerdem auch in Teilen Westfalens und Thüringens.

[192] Eichhoff 1977-2000, Bd. 3, Karte 27.

[193] http://www.chefkoch.de/rs/s0/Dips/Rezepte.html (27.08.2012).

[194] http://www.duden.de/rechtschreibung/dippen; http://www.duden.de/

rechtschreibung/Dip (16.10.2012).

[195] Die Werte aus beiden Befragungsteilen differieren leicht.

[196] In Klammern die Gesamtzahl der Nennungen.

[197] Eine der drei Nennungen lautete *ertrinken* und wurde zum Lexem *ertränken* gerechnet.

[198] Duden online: http://www.duden.de/rechtschreibung/zanken (16.08.2012).

[199] http://szenesprachenwiki.de/definition/spacko/ (27.08.2012).

[200] http://szenesprachenwiki.de/definition/abspacken (27.08.2012).

[201] Vgl. Wort des Monats, Mitmachwörterbuch: http://www.mitmachwoerterbuch.lvr.de/wortdesmonats.php?id=12 (27.08.2012).

[202] Ebd.

[203] TV-Kolumne: „Popstars" (03.08.2012), Focus online: http://www.focus.de/kultur/kino_tv/focus-fernsehclub/tv-kolumne-popstars-geiles-haus-geile-leute-alles-voll-geil_aid_788221.html (15.08.2012).

[204] Ebd.

[205] Nicht einbezogen wurden Abwandlungen wie *supi*.

[206] Duden online: http://www.duden.de/rechtschreibung/geil (15.08.2012).

[207] Ehmann 2001, S. 37.

[208] Ebd., S. 82.

[209] Ebd., S. 81.

[210] Vgl. http://www.jugendwort.de/pr_meldung_14.cfm (15.08.2012).

[211] Vgl. u. a. http://www.scilogs.de/wblogs/blog/sprachlog/sprachmythen/2011-12-06/swaghalsige-jugendwoerter (15.08.2012).

[212] Ehmann 1992, S. 48.

[213] http://www.urbandictionary.com/define.php?term=swagalicious; http://www.urbandictionary.com/define.php?term=Swagaroni%20%26%20Steez (16.08.2012).

[214] Ehmann 1992, S. 48.

[215] Zitiert nach einem dpa-Bericht im Bonner General-Anzeiger vom 07.02.2012.

[216] Duden 2009 (25. Auflage), S. 1081.

[217] Vgl. Rüdebusch 2012.

[218] Duden online: http://www.duden.de/rechtschreibung/hallo (08.08.2012).

[219] Vgl. Rüdebusch 2012.

[220] Vgl. ebd.

[221] Duden 2009 (25. Auflage), S. 536.

[222] Wiese 2012, S. 63ff.

[223] Neuland 2007, S. 23.

[224] S. Möller 2003.

[225] Honnen 2012, S. 167.

[226] S. Cornelissen 2004, S. 184ff.

[227] Bücher 1987, S. 756.

[228] Die Schreibung mit –*ig* statt mit –*ich* ist lediglich eine orthographische und keine lautliche Variante, beides wird in Bonn gleich ausgesprochen.

[229] Honnen 2012, S. 243.

[230] Mitmachwörterbuch: http://www.mitmachwoerterbuch.lvr.de/detailansicht.php?Artikel=uselich&Eintrag1=849 (28.08.2012).

[231] Honnen 2012, S. 75.

[232] Cornelissen 2004, S. 186.

[233] 2010 hat Peter Honnen 73 SchülerInnen der Jahrgangsstufen elf bis 13 an einem Bonner Gymnasium, die alle in Bonn oder der näheren Umgebung aufgewachsen waren und keinen Migrationshintergrund hatten, ebenfalls nach ihren Kenntnissen aus dem Dialekt stammender Wörter befragt. Während *uselich* zwei Dritteln der SchülerInnen ein Begriff war, kannte *fimschig* niemand mehr. S. Honnen 2010, S. 60ff.

[234] Zu den 14 Nennungen wurde auch ‚Rinne' (zweimal) gerechnet.

[235] Meuter 2008.

[236] Vgl. Meuter 2008, S. 333.

[237] Vgl. Macha 1991.

[238] Vgl. Meuter 2008, S. 157ff.

[239] Cornelissen 2005; 2008a.

[240] Cornelissen 2011a, S. 101.

[241] Vgl. Goossens 1979, S. 50.

[242] Vgl. dazu auch Cornelissen 2011a, S. 103.

Bildnachweise